영감톡

크리스천 청년들에게 주는 100가지 삶의 영감

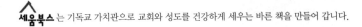

세움북스 는 기독교 가치관으로 교회와 성도를 건강하게 세우는 바른 책을 만들어 갑니다.

영감톡

크리스천 청년들에게 주는 100가지 삶의 영감

초판 1쇄 인쇄 2024년 3월 1일
초판 1쇄 발행 2024년 3월 5일

지은이 ┃ 남경호
펴낸이 ┃ 강인구

펴낸곳 ┃ 세움북스
등등록 ┃ 제2014-000144호
주등소 ┃ 서울시 종로구 대학로 19 한국기독교회관 1010호
전등화 ┃ 02-3144-3500
이메일 ┃ cdgn@daum.net

디자인 ┃ 참디자인

ISBN 979-11-985894-6-0 (03230)

* 이 책은 신저작권법에 의하여 국내에서 보호를 받는 저작물입니다.
  출판사의 협의 없는 무단 전재와 무단 복제를 엄격히 금합니다.
* 책값은 뒤표지에 있습니다.
* 잘못된 책은 교환하여 드립니다.

" 크리스천 청년들에게 주는
100가지 삶의 영감 "

영감톡

남경호 지음

세움북스

추천사

요즘 세대에 맞는 '신앙 어록집'이 드디어 나왔습니다. 기성세대와 달리 크리스천 청년들에게는 신앙생활의 이유들을 찬찬히 설명해 주어야 합니다. 소위 '꼰대' 같은 말투를 버리고 그들의 정서에 부합되도록 차근차근 설득력 있게 접근해야 합니다. 이런 점에서 남경호 목사님의 《영감톡》은 아주 시의적절한 책입니다.

저는 추천사를 쓰기 위해 원고를 받고 읽는 동안 깜짝 놀랐습니다. 가독성이 어떤 책보다도 뛰어났기 때문입니다. 갈수록 문해력이 약화되고 있는 요즘에는 무엇보다 글이 술술 읽히도록 하는 것이 정말 중요합니다. 저자의 글을 읽고 있으면 마치 옆에서 저자가 직접 들려주는 것처럼 느껴집니다. 그것도 아주 온화한 목소리로 말입니다.

특히 이 책은 아주 실제적이고 구체적인 적용으로 구성되어 있어 참 좋습니다. 신앙생활 중에 궁금할 만한 질문 또는 상황을 100가지로 분류하여 맛깔스러운 어투로 하나씩 풀어 갑니다. 보통 이런 식의 글은 가벼운 처방으로 전개되기 쉬운데, 저자는 모든 질문에 대해 성경적인 근거를 분명히 제시합니다. 저는 이 부분이 이 책의 가장 큰 장점이라고 생각합니다. 주저하지 말고 《영감톡》을 집어 들고서 읽으시기 바랍니다! 결코 후회하지 않으실 겁니다.

● **권율** 부산 세계로병원 원목, 《올인원 십계명》 저자

크리스천 청년들이 신앙의 고민은 물론, 학업과 사회생활, 연애와 인간관계 등 복잡하고 어려운 질문들에 대한 깊이 있는 해답을 얻고 싶다면 반드시 읽어 봐야 할 책입니다. 저자 남경호 목사님은 단순하고 추상적인 교훈이 아닌, 실제 사례와 경험에서 나온 깊은 통찰력으로 때로는 문제의 본질적인 핵심을 짚어 내시고, 때로는 공감과 격려의 말을 통해 위로와 감동을 전하십니다.

이 책은 신앙생활에서 중요한 가치와 원칙을 기억하며, 일상 속에서 이를 어떻게 실천할 수 있을지 구체적인 방법을 모색하고자 하는 모든 이들에게 꼭 필요한 지침서가 될 것입니다. 이를 통해 많은 독자들이 신앙생활에서 겪는 다양한 고민과 일상적인 도전에 대한 구체적인 해법을 찾고, 신앙과 일상 사이의 균형을 이루며, 그 안에서 하나님의 뜻과 자신의 소명을 찾아가는 여정을 시작할 수 있기를 소망합니다.

● **글로리파이어** 인스타그램 9만 팔로워 커뮤니티

포스트모더니즘이 시작된 이후, 탈 기독교와 함께 기독교의 쇠퇴기는 시작되었습니다. 게다가 우리는 약 3년이라는 긴 시간 동안 코로나와의 전쟁으로 인해 전 지구적으로 큰 피해와 상처를 입었습니다. 그리고 이 전쟁을 하면서 하나님의 궁극적인 심판과 인류의 멸망도 생각해 보았습니다. 교회도 예외 없이 큰 피해와 상처를 입고 말았습니다. 그러나 교회는 아직도 이 피해에서 완전히 벗어나지 못했거나 회복될 뾰족한 대안을 제대로 찾지 못하고 있는 듯합니다. 미래의 교회를 지탱할 수 있는 청년들은 교회를 떠나고 있고 하나님을 믿는 신앙이 이미 희미해진 채 지쳐 있습니다. 이들은 하나님이 안 계시거나, 하나님이 더 이상 필요하지 않을 것이라고 여기는 것 같습니다.

이렇게 지금과 같은 어지러운 시기에 《영감톡》은 현재의 크리스천 청년들과 청년 사역에 필요한 선물이 되고, 마중물과 같은 역할이 될 것 같습니다. 크리스천 청년들에게 설득력이 있고, 복음도 쉽게 전달될 수 있으며 시대적 흐름도

잘 읽을 수 있는 책이라고 생각됩니다. 무엇보다도 청년들이 관심 가질 만한 주제를 다루어 주어, 쉽게 공감할 수 있도록 잘 집필된 것 같습니다. 교회와 사회, 학업, 직장, 결혼, 등 청년의 시기에 겪어야 할 다양한 문제들을 이 책을 통해 슬기롭고 지혜롭게 해결해 나갈 수 있기를 간절히 기대해 봅니다.

● **김동건** 홀리고백교회 담임목사, 광주종교인평화회의 사무총장

"누구에게나 울고 싶은 밤이 있다." 청년의 시기를 당도한 이라면 한 번쯤 마주할 만한 말입니다. 인생을 통틀어 가장 좋은 시절에 고된 세상을 혹독하게 살고 있을 젊은 누군가에게 이 책은 여전히 세상이 따뜻하고 살 만한 곳이라 말하고 있습니다. 책을 손에 쥐는 순간부터 무릎을 '탁' 칠 만한 내용으로 가득합니다. 저자의 경험적 문장과 언어들은 그가 청년과 현세대 간의 경계를 수없이 넘나들며 신앙과 삶을 고심했음을 방증합니다. 학업과 취준, 교회 생활 및 신앙의 고민을 비롯하여 크리스천 청년으로서 직면하는 일상의 다양한 문제들이 따뜻하고 익살스러우면서도 때로는 냉철하고 서늘하게 녹아 있습니다.

특히 저자는 교회가 교회답지 않아서 힘들어하는 젊은 그리스도인들을 향해서 신앙의 무한한 가능성과 그 성경적 감수성을 제시하려고 고군분투합니다. 신앙과 그에 따른 생각에 '새로 고침'을 용기 있게 시도할 그리스도인 청년이라면 반드시 '읽어 볼 만한, 읽어야 할 책'임이 분명합니다. 이 땅의 청년들이여, "당신은 약하지 않습니다. 다만 지금 당장은 강하지 않을 뿐입니다."

● **김종현** 가버나움교회 담임목사

인스타그램에는 정답이 없습니다. 많은 이들이 그 안에서 신앙생활의 도움을 구하고, 바르게 인도해 줄 사람을 절실하게 찾습니다. 그러나 쉽지 않습니다. 무분별한 메시지와 자기중심적인 해석이 난무하기 때문입니다. 하지만 영

감톡의 남경호 목사님은 온라인상의 길 잃은 영혼들에게 바른 신앙의 길을 제시하고 계십니다. 이 책에는 오랫동안 청년 사역을 통해 바른 신앙을 전하고자 했던 목사님의 마음이 담겨 있습니다. 특별히 아버지로서 두 딸에게도 충분히 전해 주셨을 법한 100가지의 주제라면, 더 고민할 것도 없이 믿고 읽어도 좋겠습니다. 아빠의 마음으로, 청년들을 향한 멘토의 마음으로 하나하나 담아내셨을 이 책을 꼭 읽어 보시길 추천합니다.

● **박길웅** 선교사, 《삶의 이유》 저자

청년의 때는 고민이 많은 시기입니다. 취업, 연애, 결혼, 경제, 사회생활 등 모든 영역에서 인내하며 노력하고 결정해야 합니다. 어느 것 하나 쉬운 것이 없습니다. 특히 그리스도인 청년에게는 신앙과 관련해서 이 모든 일들을 마주해야 하기에, 그 고민은 더욱 깊어질 수밖에 없습니다. 저의 혼란한 청년의 시기에도 그러했습니다. 안타까웠던 것은 갖가지 문제와 씨름할 때 함께 고민해 줄 사람이 없었다는 것입니다. '만약 그 시절로 돌아간다면 누가 내 고민을 들어 주고 진심 어린 조언을 해 줄까…?'

지금의 저는 힘들었던 그 시절의 저에게 이 책을 보여 주고 싶습니다. 이 책은 모모가 되어 내 마음 깊은 곳 얘기를 들어줄 것입니다. 현학적이지 않은 조언이 저에게 설득력 있게 다가올 것입니다. 그리고 마치 소크라테스의 문답처럼 나로 삶과 신앙의 다양한 측면을 바라보며 하나님의 뜻을 찾아가게 이끌어 줄 것입니다. 저자는 사람보다 소가 더 많은 시골에서도 청년 사역을 꾸준히 준비해 왔습니다. 소처럼 우직한 그 발걸음을 하나님께서 인도해 주셔서 이제 청년들을 위한 귀한 책을 내게 되었습니다. 오래전 청년의 때의 저와 오늘의 청년들에게 기쁜 마음으로 이 책을 추천합니다.

● **양일동** 홀리교회 담임목사

목차

프롤로그

반백 년이 넘은 중년의 나이에 들어서서 돌아보니 까마득한 옛이야기처럼 느껴지기도 하지만, 나에게도 꿈 많고 혈기 왕성했던 청년의 때가 있었다. 나의 청년 시절은 '주의 거룩한 옷을 입고 즐거이 헌신하는 새벽이슬 같은 주의 청년'이라는 시편 110편 3절 말씀으로 전신 갑주를 삼고자 했던 시절이었으며, '너희는 세상의 소금이 되고 빛이 되라'는 마태복음 5장 13-16절 말씀을 지상 명령이자 푯대로 삼았던 시절이었다. 또, 젊음의 좋은 때를 허락하신 창조주만을 기억하며 그리스도의 향기를 풍기며 살아가는 데 헌신하겠노라고 다짐하고 결단했던 시절이었으며, 하나님이 허락하신 인생 최고의 때에 최고의 에너지를 가진 자답게 가장 아름다운 시기를 비상하는 독수리처럼 지혜롭게 살아가고픈 마음이 간절했던 시절이었다.

하지만 간절했던 생각만큼, 절실했던 의욕만큼 정작 삶은 그렇지 못했던 것 같다. 크리스천이라고 한다면 너무도 당연하겠지만 '예수님이라면 어떻게 하셨을까?' 하는 이 물음은 청년 시절 내 삶과 신앙에 좌표와도 같은 것이었다. 그리고 그 물음에 대한 답은 두말할 나위 없이 성경에서 찾아야 하는 것이 마땅했다. 그러나 성경에서 답을 찾는다는 것은 쉽지 않았다. 아니, 너무나 어렵고 난해했다. 뭐랄까? 수학 공식을 많이 알고 있다고 해서 수학을 잘하는 것이 아니라, 공식을 제대로 적용할 수 있는 응용력이 있어야만 수학을 잘할 수 있다고 하는 원리와 같다고나 할까? 말씀이라는 공식을 차고 넘치는 물음에 어떻게 적용해야 할지 도무지 응용력이 따라주지를 않았다. 그러니 좀처럼 답을 구할 수가 없을 수밖에….

　사설이 조금 길었지만, 이것이 졸필이나마 이 책을 쓰게 된 가장 근본적인 이유일 것이다. 지금 청년들은 우리 중년들이 걸어온 청년의 때에 비해 '고생'이라는 단어가 주는 중압감에서는 훨씬 자유롭다. 그러나 '고민'이라는 단어가 주는 압박감은 훨씬 더한 것이 사실이다. 이 점에서는 크리스천 청년들도 자유로울 수가 없다. 그런데 비기독교인 청년들에 비해 상대적으로 크리스천 청년들은 답을 찾는 곳이 한정되어 있다. 내가 그랬듯 '예수님이라면 어떻게 하셨을까?'라는 물음이 현재를 살아가고 있는 크리스천 청년들에게도 여전히 좌표가 되어야 하기 때문이다. 하지만 안타깝게도 내가 청년 때 그랬던 것처럼, 아니, 그보다 더 심각하게 말씀을 자신의 삶과 신앙에 어떻게 적용해야 하는지 응용력을 갖지 못한 채, 갈팡질팡 동분서주하며 힘들어하는 청년들을 보게 된다. 그럴 때마다 갈 바를 알지 못해 전전긍긍하는 그들의 모습 속에서 내 청년의 때를 발견하곤 했다. 도움을 주고 싶었다. 정답이라고 단언할 수는 없지만, 누구에게도 물을 수 없었기에 혼자서 깨지고 깎이며 얻게 된 내 삶과 신앙의 데이터가 응용력을 갖게 하는 최소한의 마중물은 될 수 있겠다는 생각이 들었기 때문이다. 그리고 나름 치열하게 고민하고 갈등하며 얻어 낸 답이었기 때문이다.

또 하나의 이유라고 한다면, 이 책이 징검다리가 되어 크리스천 청년들과 교회라는 신앙 공동체 현장에서 만날 수 있었으면 하는 바람이 있었기 때문이다. 현장에서 그들의 목소리를 직접 들으며 지면의 한계상 미처 담지 못했던 이야기들을 공유하고픈 마음이 간절했기 때문이다. 나의 이런 마음이 이 책을 통해 그들에게 오롯이 전달될 수 있기를 기대한다.

PART 1
학업, 취준

" 꿈을 안고 내일을 향해
나아가는 청년들을 위해 "

크리스천이 성공을 대하는 법

'성공'이라는 두 글자는 세상 모든 이들의 마음을 설레게도 하고, 애타게도 하는 치명적인 매력을 가진 단어라는 생각이 들어요. 심지어 하나님의 아들로서 공생애를 시작하시려는 예수님에게까지 사탄이 협상 카드로 제시할 만큼 가히 독보적인 가치를 뽐내고 있는 단어죠. 그래서일까요? 우리네 인생은 'How'와 'Why'라는 두 줄기의 물음을 벗 삼아 걸어가야 하는 존재임에도 불구하고, 유독 '성공'이라는 단어 앞에만 서면 'How'만이 유일무이한 물음인 것처럼, "어떻게 해야 네 옆자리에 앉을 수 있지?"; "어떻게 해야 네 옆자리를 내게 허락해 줄 거야?"; "평생 너와 함께하고픈데 어떻게 해야 그렇게 할 수가 있는 거야?"라고 질문 폭탄을 쏟아 놓을 때가 많은 것 같아요.

크리스천 청년들의 삶에도 예외일 수 없는 단어일 거예요. "주님! 저에게 지혜를 주세요. 제게 주어진 삶의 무게를 인내하며 잘 감당할 수 있도록 도와주세요"라고 간구하면서, 눈꺼풀이 천근만근 내려앉으려 하는 졸음을 참으며 책 한 장을 더 보려는 이유도, 더 좋은 대학에 들어가고 더 좋은 직장에 들어가려 하는 이유도 어쩌면 'How'라는 물음을 징검다리 삼아 성공이라는 두 글자와 평생 동반자가 되어 살고픈 간절함 때문일 거예요. 그런데 크리스천은 성령으로 거듭난 사람이에요. 성령으로 거듭난 하나님의 사람에게 성공이란 하나님과의 아름다운 연합이죠. 그리고 번영은 그 연합의 감사한 결과물이고요.

그러므로 크리스천 청년이라고 한다면, 성공과 관련하여 'How'를 묻기 이전에 'Why'를 먼저 물어야 해요. "성령으로 거듭난 사람으로서 하나님과 연합한 나는 왜 성공을 해야만 하는가?" 그리고 "너희 중에 누구든지 그에게 이르되 평안히 가라, 덥게 하라, 배부르게 하라 하며 그 몸에 쓸 것을 주지 아니하면 무슨 유익이 있으리요"라는 야고보서 2장 16절의 말씀이 'Why'에 대한 여러분들의 답이 되었으면 좋겠어요. 'How'만을 물음 삼고 징검다리 삼아 이루는 세상의 성공이 아니라, 'Why'를 주연 삼고 'How' 조연 삼아 이루는 하나님과 연합한 성공이 되길 응원해요. 하나님과 연합한 성공으로 세상을 따뜻하게 하고, 배부르게 할 수 있는 복된 자, 예수의 제자도를 실천하며 세상에 하나님의 사랑을 흘려보낼 수 있는 믿음의 사람으로 살아가기를 기도하고 응원합니다.

나보다 더 잘난 사람을 대하는 마음가짐

"걷는 놈 위에 뛰는 놈이 있고, 뛰는 놈 위에 나는 놈이 있다"라는 말이 있어요. "아! 이 말이 이런 상황에 사용되는 말이었구나" 하고 처음으로 알게 된 시기가 스물한 살 때였어요. 교회라는 신앙 공동체 안에서 뛰어난 능력을 가진 '엄친아'를 만나게 되었고, 그 친구의 능력치 앞에서 속절없는 질투심에 명분 없는 분노만 쌓여 갔죠. 그러다 우연히 "이런 비교 의식을 가져 본 적 있으신가요?"라는 제목의 글을 보게 되었어요. "혹시 당신보다 잘난 사람과 비교하며 부러워하고 질투했던 것만큼, 나보다 능력이나 상황이 좋지 않은 사람에게 미안함과 죄송함, 또는 긍휼의 마음을 가져본 적 있으신가요?"라는 내용이었어요. 미안함? 죄송함? 긍휼의 마음? 아니요. 저에게는 우월감과 자아도취적 교만만이 있었어요. 그때 깨닫게 되었어요. 나보다 잘난 사람과 비교하든, 아니면 나보다 못한 사람과 비교하든 내게 아무런 유익이 없다는 것을 말이에요.

지금 나보다 잘난 사람과 비교하는 마음 때문에 힘드신가요? 그렇다면 고린도전서 12장 21-23절 말씀으로 비교 의식이라는 나쁜 습관의 고리를

끊어 보는 건 어떨까요?

"눈이 손더러 내가 너를 쓸 데가 없다 하거나 또한 머리가 발더러 내가 너를 쓸 데가 없다 하지 못하리라. 그뿐 아니라 더 약하게 보이는 몸의 지체가 도리어 요긴하고 우리가 몸의 덜 귀히 여기는 그것들을 더욱 귀한 것들로 입혀 주며 우리의 아름답지 못한 지체는 더욱 아름다운 것을 얻느니라."

약하게 보인다고 실망하지 말고, 덜 귀히 여겨진다고 좌절할 필요도 없다고 하시네요. 우리의 삶 자체가 약하고, 덜 귀한 것은 아니라고 위로하시네요. 지혜로운 사람은 나에게 있는 단점은 인정하되, 그것이 나를 전적으로 지배하지 못하도록 노력하며 살아가는 사람이라고 어루만져 주시네요.

여러분이 최선을 다하는 삶을 살고 있다면, 차선 혹은 그다음의 자리에서도 최고의 자리에 버금가는 행복과 의미와 보람을 만끽하며 살아갈 수가 있도록 하나님이 이끌어 주실 거예요. 반드시 '넘사벽'의 능력자가 되는 것만이 행복을 가져다주지 않아요. 그러니 지금부터라도 열등감과 우월감만이 교차되는 롤러코스터의 굴레에서 벗어나기 위해 결단하고 노력해 보면 좋겠어요. 힘들겠지만, 결단하고 실행하면 분명 성령님께서 함께하시고 도와주실 거예요.

003

하나님의 플랜 B에 순종할 때 일어나는 놀라운 일

직접적인 경험이 많이 쌓이게 되면 연륜이 생기게 돼요. 연륜은 어떤 사건이나 상황의 핵심에 가장 빠르고 정확하게 도달할 수 있는 힘을 가지고 있어요. 어찌 보면 지름길이라고도 할 수 있겠네요. 베드로는 어부였어요. 고기잡이라는 자신의 직업에 있어서는 누구에게도 뒤지지 않을 만큼 연륜이 쌓여 있는 베테랑이었죠. 어디에 고기가 많은지, 어떻게 해야 더 많은 고기를 잡을 수가 있는지, 오랜 세월에 걸쳐 직접 경험한 '노하우'로 바다를 주름잡았죠. 그런데 누가복음 5장에 의하면, 그런 베테랑에게도 예상치 못했던 돌발 상황이 발생하게 되었어요. 늘 100% 성공해 왔기에 자신만만해하던 플랜 A에 심각한 오류가 생긴 거죠. 자기 손바닥 보듯 훤하게 꿰뚫고 있었던 바다였음에도 불구하고, 밤새도록 그물을 던져 기껏 돌아오는 것은 빈 그물뿐이었죠.

그때 예수님이 베드로에게 오셨어요. 그리고는 이렇게 말씀하셨죠. "깊은 데로 가서 그물을 내려 고기를 잡으라." 어부도 아니신 예수님이 어부로 잔뼈가 굵은 베드로에게, 그것도 상식 밖의 시간에 깊은 데로 가서 그물을 내리라는 말씀이 당시 베드로에게는 어떻게 들렸을까요? "뭐야? 플랜 B가 형편없잖아!"라고 무시해 버릴 수도 있었을 거예요. 하지만 베드로는 그렇게 하지 않았어요. 자신의 경험에 비추어 볼 때, 전혀 동의할 수 없고 이해되지도 않았지만, 베드로는 예수님의 제안에 순종했어요. "선생님, 우리가 밤이 새도록 수고하였으되 잡은 것이 없지마는, 말씀에 의지하여 그물을 내리겠습니다."

결과가 어떠했을까요? 놀랍게도 그물이 찢어질 만큼 많은 고기를 잡을 수 있었어요. 여러분, 우리 주님은 내가 가지고 있는 플랜 A를 전적으로 응원해 주시는 분이세요. 그러나 그것보다 더 좋은 것으로 채워 주고자 하실 때가 있어요. 그때 주님은 베드로에게 하셨듯, 여러분에게도 똑같은 제안을 하실 거예요. "깊은 데로 가서 그물을 내려 고기를 잡으라." 여러분의 플랜 A와 완전히 다른 것이죠. 하지만 꼭 기억하면 좋겠어요. 하나님의 플랜 B에 순종하면, 하나님은 베드로에게 하셨던 것처럼 놀라운 일을 우리에게 안겨 주신다는 것을 말이죠.

국가 고시와 주일 성수

마태복음 8장에서 예수님은 한 나병 환자를 치유해 주시고 나서 이렇게 말씀하셨어요. "삼가 아무에게도 이르지 말고 제사장에게 가서 네 몸을 보이고 모세가 명한 예물을 드려 그들에게 입증하라"(마 8:4). 그런데 조금 이상하지 않나요? 하나님의 능력으로 병자를 치유하셨는데 굳이 제사장에게 가서 보이라고 말씀하신 것도 그렇고, 심지어는 모세가 명한 예물까지 드려 그들에게 입증하라고 말씀하셨다는 점도 조금 의아해요. 로마에 가면 로마법을 따르라는 말이 있어요. 당시에는 환자들이 다시금 사회의 일원이 되기 위해서는 완전히 회복된 몸을 제사장들에게 보여야만 했어요. 그들에게 있어서 이러한 모세의 율법은 절대적인 기준과도 같았는데, 이 율법을 관장하는 사람들이 바로 제사장들이었어요.

예수님은 아버지의 뜻이 하늘에서 이루어진 것같이, 땅에서도 이루어지기 위해서는 세상과 함께(with world)해야 한다고 생각하셨어요. 그래서 나병 환자를 제사장들에게 보여야 한다는 세상의 율법을 겸허히 수용하신 것이죠. 현재 크리스천 청년으로서 여러분이 살아가고 있는 이 세상에도 다양한 법들과 기준들이 있어요. 그중의 하나가 바로, 국가가 주관하는 중요한 시험은 매번 일요일에 있다는 거예요. 크리스천 청년들에게 '국가 고시와 주일 성수'는 영원히 풀리지 않는 숙제와도 같아요. 세상 사람들과 달리 일요일이 나머지 요일들과는 조금은 특별하게 다가올 수밖에 없을 테니까요. 하지만 만약 여러분들이 세상 법을 겸허히 받아들이고 수용하려는 궁극적인 목표가 "그런즉 너희가 먹든지 마시든지 무엇을 하든지 다 하나님의 영광을 위하여 하라"라는 고린도전서 10장 31절 말씀처럼, 여러분들의 삶을 통해 하나님 나라를 세상에 나타내기 위함이라고 한다면, 예수님은 여러분들의 선택과 판단에 기꺼이 긍정의 한 표를 던져 주실 거예요.

왜냐하면 예수님은 마태복음 5장 13-16절을 통해 크리스천 청년인 여러분들에게 "너희는 소금이 되어야 하고, 빛이 되어야 한다"라고 말씀하시면서, 소금으로서 짠맛을 내고 빛으로서 밝음을 발산할 곳은 다름 아닌 세상이라고 말씀하셨기 때문이에요. 크리스천 청년으로서 세상이 필요로 하는 하나님의 사람이 되고자 결심하고 결단했나요? 그렇다면 주저하지 말고 과감하게 "Go into the World!" 하세요. 주님의 인도하심이 뒤에서 밀어 주시고, 앞에서 끌어 주실 거예요. 여러분은 합력하여 선을 이루기에 충분한 하나님을 사랑하는 그분의 자녀이니까요.

열등감을 긍정적으로 활용하는 방법

구약의 모세가 예수님의 그림자라고 불렸다면, 신약의 바울은 작은 예수라고 불릴 정도로 대단한 사도였어요. 사도행전 19장 12절은 바울의 행한 능력에 대해서 이렇게 말하고 있죠. "심지어 사람들이 바울의 몸에서 손수건이나 앞치마를 가져다가 병든 사람에게 얹으면 그 병이 떠나고 악귀도 나가더라." 그런데, 그렇게 능력을 행하던 바울이 자신의 몸에 있는 한 약점에 대해서 하나님께 고쳐 주시기를 간구했어요(고후 12:7-10). 그것도 무려 세 번씩이나 말이죠. 놀라운 사실은 그 약점이 얼마나 치명적이었던지 '사단의 가시'라고까지 했다는 거예요.

하지만 하나님은 바울의 간구를 들어주시는 대신 이런 응답을 주셨어요. "내 은혜가 네게 족하도다. 이는 내 능력이 약한 데서 온전하여짐이라." 그리고 바울은 하나님의 응답을 이렇게 받아들였어요. "내가 받은 계시가 너무 크고 놀라워서, 나에게 병을 주셔서 너무 자만하지 않게 하시려는 것이구나." 학자들은 당시 바울이 가지고 있었던 약점이 '간질'이었다고도 말을 해요. 자신의 몸에서 손수건이나 앞치마를 가져다가 병든 사람에게 얹으면 병이 나았는데, 정작 자기 몸에 있는 병은 고치지 못한다? 얼마나 열등감이 들었을까요.

마태복음 27장 40절에 의하면, 예수님이 십자가에 달리셨을 때 지나가는 자들이 예수님을 이렇게 모욕하고 조롱했어요. "이르되 성전을 헐고 사흘에 짓는 자여, 네가 만일 하나님의 아들이거든 자기를 구원하고 십자가에서 내려오라." 어쩌면 바울도 이와 비슷한 조롱과 모욕을 당했을지도 몰라요. "손수건과 앞치마를 가지고 병을 고치는 자여, 네 병이나 고쳐라." 이렇게 말이에요. 그러나 바울은 열등감의 노예가 되지 않았어요. 대신 열등감을 자신을 성장시키는 원동력으로 삼았죠.

이윽고 바울은 이런 고백을 할 수 있을 만큼 정금과 같은 사람이 되었어요. "내가 내 몸에 예수의 흔적을 지니고 있노라. 내가 예수를 본받은 것같이 너희도 나를 본받으라." 여러분도 자신의 열등감을 쓰레기가 아닌 거름이라 생각하고서 마음이라는 밭에 귀하게 심는다면, 바울처럼 아름다운 꽃을 피울 수 있을 거예요. 열등감에서도 하나님의 귀한 뜻을 발견하면서, 삶과 신앙 모두가 단단해지는 여러분이 되길 기도하겠습니다.

고독을 응축하는 시간

현재 여러분들은 두 날개가 세상 문턱을 박차고 비상할 수 있는 힘을 갖추기까지 인고의 시간을 보내고 있어요. 각종 시험과 면접을 겪어 내다 문득 앞날을 생각하면 실오라기 같은 빛조차도 보이지 않을 만큼 칠흑같이 까맣게 보일 거예요. 다람쥐 쳇바퀴 도는 단순한 일상을 살며 세상으로부터 고립된 것 같은 불안감이 들기도 하고, 한편으로는 '잉여 인간'이 된 것 같은 참담한 마음이 들 때가 매 순간일 거예요. 삶의 이유와 목적이 흐릿해지기도 할 거예요. 하지만 하나님은 여러분을 크리스천 청년으로서 21세기를 살아가는 '나실인'으로 부르셨어요. 민수기 6장에서 '나실인'은 세상과 구별된 삶을 살아가는 사람이라고 말씀하고 있어요. 이는 크리스천이 아닌 이들과 차별된 삶을 살아간다는 것이라고도 할 수 있겠죠.

그런데 차별된 삶이 비단 살아가는 방식에서만 다른 것일까요? 어쩌면 힘들 때, 고독할 때 가지는 마음가짐 또한 세상 사람들과는 조금은 달라야 한다는 생각이 들어요. 누가복음 2장 41절 이하에 의하면, 열두 살 된 소년 예수는 성전에서 선생과 섞여서 듣기도 하시고 묻기도 하셨다고 말씀하고 있어요. 한번은 애타게 찾아 헤매다 사흘 만에 겨우 찾게 된 부모에게 "내가 내 아버지 집에 있을 줄 모르셨습니까?"라고 말했다는데, 열두 살 먹은 아이의 대답치고는 너무 범상치가 않아요. 세상 사람들의 시선에서만 본다면 또래 아이들에게 있어야 할 천진난만한 유년 시절이 단절된 것은 아닌지, 혹 아이가 고립이라는 늪에 빠진 애어른이 된 것은 아닌지 걱정이 되기도 해요.

하지만 소년 예수에게 있어서 성전에서의 시간은 그저 고독한 시간이 아니었어요. 이때부터 '나실인'으로서의 삶과 그에 상응하는 실력을 준비하는 시간이었어요. 또래 아이들과 교제하는 대신 하나님과 교제하며 깊이 생각하는 시간이었죠. "not isolation but independence" '고립'이 아닌, 삶과 신앙에서 '성숙한 독립'을 하기 위해 노력하면서 말이에요. 현재 여러분은 크리스천 청년으로서 실력을 겸비한 '나실인'으로 살아가고자 준비하고 있어요. 그러니 소년 예수가 걸었던 훈련의 과정을 똑같이 걸어가고 있다는 자부심을 가지고서 끝까지 최선을 다해 나아가기를 바랍니다. 혼자 있는 고독한 시간은 분명히 여러분을 단단하게 만들어 줄 거예요. 저도 함께 기도하며 응원할게요.

한 그루의 나무가 아닌 숲을 보는 시각으로

출애굽기 24장 12절에 의하면, 하나님은 모세에게 하나님의 산으로 올라와 친히 기록하신 율법과 계명을 받으라고 말씀하셨어요. 그리고 18절에 의하면, 그 기간이 "사십 일 사십 야(夜)"였어요. 하나님과 함께하는 하나님께서 정하신 시간이었죠. 하지만 이스라엘 백성들의 생각은 달랐던 것 같아요. 출애굽기 32장 1절은 모세의 공백에 대한 그들의 생각을 이렇게 말하고 있어요. "백성이 모세가 산에서 내려옴이 더딤을 보고 … 모세, 곧 우리를 애굽 땅에서 인도하여 낸 사람은 어찌 되었는지 알지 못함이라." 하나님의 시간에 대해 그들은 조급했고, 불안했어요.

하나님은 숲 전체를 아우르시며 일하는 분이신데, 이스라엘 백성들은 '모세가 산에서 내려옴이 더딤'이라고 하면서, 나무 한 그루에만 마음을 빼앗겨 버린 거예요. 결국 조급함과 불안함에 눈이 먼 그들은 금송아지를 만들어 그것이 자신들을 인도할 하나님이라고 여기는 극단적인 선택을 하게 되죠. 그러나 숲 전체가 아닌 나무 한 그루만 보고 결정한 섣부른 선택은 대부분 나쁜 결과를 가져오게 돼요. 이스라엘 백성들이 금송아지로 인해 오히려 하나님의 이름을 망령되게 일컫는다는 책망만을 받게 된 것처럼 말이에요.

저는 34살 늦은 나이에 신학교에 들어갔어요. 그리고 신학부 4년과 신대원 3년의 정규 과정을 이수한 후 마흔이 넘어 '목사 고시'에 합격해 통합 교단의 목사가 되었죠. 그런데 저와 비슷한 나이대에 신학을 시작한 어느 지인은 목사가 빨리 되고픈 마음에 다른 교단에서 소위 말하는 '속성'으로 목사 안수를 받았어요. 하지만 안타깝게도 그 교단에서 받은 목사 안수는 '공신력'이 전혀 없었어요. 그래서 통합 교단으로 교회 사역지를 옮기려고 하니 목사로서 인정을 받지 못하게 되었죠. 결국 그분은 통합 교단의 신대원 과정을 다시 이수해야만 했고, 목사 고시 또한 다시 봐야만 했어요.

여러분, 순간의 선택이 10년을 좌우한다는 말이 있어요. 여러분이 결정하기 전, 숲 전체를 아우르는 안목으로 하는 선택인지 냉철하게 자문해 봐야 하는 이유가 여기 있는 거예요. 숲에서 은은하게 뿜어져 나오는 피톤치드는 띄엄띄엄 심어진 한 그루의 나무로는 불가능하기 때문이죠. 피톤치드는 울창한 숲에서만 가능하잖아요. 울창한 숲은 한 그루의 나무가 자라는 것보다 훨씬 더 많은 시간이 필요해요. '귀한 것은 어렵게 얻어질 수밖에 없다'라는 단순하지만 명백한 진리를 잊지 마세요.

되돌아갈지언정 제대로 가야 한다

창세기 13장 1-13절에는 아브람과 그의 조카 롯에 관한 이야기가 기록되어 있어요. 6절에 의하면, 하나님께서 이 둘 모두에게 물질의 복을 주셔서, 둘이 함께 동거하기에 그 땅이 넉넉하지 못했다고 해요. 그로 인해서 아브람의 가축을 치는 목자와 롯의 가축을 치는 목자 사이에 다툼이 빈번하게 발생하게 되었죠. 이 사실을 알게 된 아브람이 서로의 평화를 위해서 조카 롯에게 파격적인 제안을 하는데요. "네가 좌하면 나는 우하고, 네가 우하면 나는 좌하리라."

롯은 소돔 땅을 선택했어요. 온 땅에 물이 넉넉해서 그곳이 마치 여호와의 동산 같고 애굽 땅과 같았다는 게 선택의 이유였어요. 그런데 여러분, 뭔가 이상하죠? 소돔 땅이 어디죠? 하나님이 벌하신 타락의 땅이잖아요. 그런데 롯이 왜 소돔 땅을 선택했을까요? 10절을 보면 그 이유를 알 수 있어요. "여호와께서 소돔과 고모라를 멸하시기 전이었으므로." 하지만 여호와의 동산 같았던 소돔 땅은 점점 타락의 땅으로 변해 갔어요. 13절을 보면 알 수 있죠. "소돔 사람은 여호와 앞에 악하며 큰 죄인이었더라."

그런데 여기서 생각해 봐야 할 점이 있어요. 롯은 소돔에 살면서 소돔이 타락하는 조짐을 전혀 느끼지 못했을까요? 삶의 햇수가 거듭되는 동안 여호와의 동산과도 같은 소돔 땅이 썩어 가고 있다는 사실을 눈치채지 못했을까요? 혹시 소돔 땅을 벗어날 용기가 없었던 건 아니었을까요? 당장 자신 앞에 놓인 안락함과 풍요로움에 파묻혀서 자신조차도 서서히 썩어 가고 있음을 인지하지 못했던 것은 아니었을까요? 아니, 이미 알고 있었으면서도 익숙함의 포로가 되었기 때문은 아니었을까요? 우리가 신이 아닌 이상 인생을 살면서 매번 성공적인 선택만을 할 수는 없어요. 설령 처음에는 좋아 보여서 했던 선택일지라도 나중에는 그게 나쁜 선택이 될 때도 있으니까요. 롯이 여호와의 동산처럼 보여서 골랐던 소돔 땅, 그 땅이 하나님께서 벌하신 땅으로 변질된 것처럼 말이에요. 때로는 '내가 왜 이런 선택을 했지?' 하고 후회하며, 심지어는 '선택하기 전으로 다시 되돌리고 싶다'라며 가슴을 치고 절규하는 최악의 선택을 할 때도 있을 거예요.

　하지만 여러분, 선택을 되돌릴 용기가 없을 뿐 기회가 아예 없는 건 아니에요. 잘못된 선택을 했다고 판단이 선다면, 되돌아갈지언정 용기 있게 되돌릴 수 있어야 해요. 롯 또한 하나님의 복을 받은 자이기에 아브람 못지않은 민감함과 예리함이 분명히 있었을 거예요. 하지만 포기했죠. 우리는 그 결과가 어떠했는지 이미 잘 알고 있어요. 그러니 빨리 가는 것도 중요하지만 제대로 가는 것이 더 중요해요. 앞으로 후회되는 선택을 되돌릴지 말지 고민할 때마다 이 명백한 사실이 여러분 선택의 현명한 기준점이 되기를 바랍니다.

크리스천 청년이라고 한다면,
성공과 관련하여

'How'를 묻기 이전에
'Why'를 먼저 물어야 해요.

실패도 성공으로 바꾸는 법

요한복음 5장 1-18절은 한 병든 사람의 기구한 삶에 대해서 말하고 있어요. 베데스다라는 연못이 있는데, 가끔 천사가 내려와 물을 움직이게 했대요. 그리고 물이 움직인 후에 가장 먼저 들어가는 사람은 어떤 병에 걸렸어도 낫게 되었죠. 하지만 안타깝게도 이 병든 사람은 무려 38년 동안 병을 고치지 못했어요. 그 이유에 대해서 그는 이렇게 말을 했어요. "물이 움직일 때 나를 못에 넣어 주는 사람이 없어서 내가 가는 동안에 다른 사람이 먼저 내려갑니다."

그런데 그 사람의 말에서 우리는 아주 중요한 점 하나를 발견할 수가 있어요. 그가 조금씩이라도 못에 가까이 가고자 최선을 다해 노력했다는 거예요. "내가 가는 동안에"라는 구절이 그 증거예요. 물론 38년 동안 병을 앓고 있었으니까 신체적 능력이 현저하게 약해져서 당연히 실패를 밥 먹듯 할 수밖에 없었겠죠. 그러나 그 사람은 포기하지 않고 아주 조금씩이라도 못에 다가가기를 멈추지 않았어요. 그러다가 마침내 예수님을 만나게 되었고, 예수님은 그 사람에게 이렇게 말씀하셨어요. "일어나 네 자리를 들고 걸어가라." 예수님을 만난 그 사람은 38년 동안 자신을 괴롭게 했던 지긋지긋한 병마에서 해방될 수가 있었어요. 무수한 좌절 끝에, 그는 결국 성공을 이룬 거예요.

어떤 사람들은 그 사람이 고침받은 건 예수님의 은혜라고 생각할지도 모르겠어요. 물론 맞아요. 하지만 저는 그가 고침받은 건 '그리 아니하실지라도'의 믿음이라고 생각해요. "연못에 들어가기면 하면 반드시 고쳐 주실 것을 믿습니다. 지금 당장 아니더라도, 내년이 아니더라도, 3년 후가 아니더라도 들어가기만 하면 치유해 주실 것을 믿습니다"라는 '그리 아니하실지라도'의 믿음이 그를 예수님의 치유로 이끈 것이죠.

그런데 종종 우리에게는 이 귀한 믿음의 말이 뻔하고 흔한 말이 될 때가 있어요. 이 고백을 하기까지 뼈 빠지는 수고를 감당한 삶을 단순히 멀리서 풍경으로만 바라보려고 할 때가 많기 때문이죠. 여러분도 그 병든 사람처럼 꿋꿋하게 나아가야 할 상황이 있나요? 암담한 상황에서 '그리 아니하실지라도'의 믿음과 함께 진정으로 나아가고 있나요? 그렇다면 지금 당장 성공이라는 열매가 없을지라도, 실패와 좌절의 횟수가 거듭될지라도, 여러분은 결국 예수님을 만난 그 사람처럼 성공의 열매를 맺을 수 있는 '약속의 자녀'라는 사실을 꼭 기억했으면 좋겠어요. 그러니 그 약속에 의지하여 지금의 실패를 도약의 기회요 발판으로 삼아 보기를 바랍니다.

힘들수록 주위를 한 번씩
둘러보아야 하는 이유

세상을 바라보는 데는 두 가지 방법이 있다고 생각해요. 하나는 현미경을 통해 세밀하고 자세하게 들여다보는 것이고, 또 다른 하나는 망원경을 통해 크게 확대해서 바라보는 것이죠. 하지만 학업에 몰두하고 취업을 위해 매진하다 보면 마음이 조급해지고 여유가 없어요. 마치 옆을 보지 못하게 눈가림을 당한 경주마처럼, 오로지 앞만 보며 달려가는 것이 최선인 것처럼 느껴지곤 해요. 현미경을 통해 좁게 보는 것만 가능해지죠. 제아무리 크리스천 청년이라고 할지라도 현재 여러분들이 직면하고 있는 상황 속에서 이타적인 사고를 하고, 타인을 배려하는 삶을 살아 내기란 현실적으로 힘들 거예요.

그런데 잠언 11장 24-25절에서는 이렇게 말하고 있어요. "흩어 구제하여도 더욱 부하게 되는 일이 있나니 과도히 아껴도 가난하게 될 뿐이니라. 구제를 좋아하는 자는 풍족하여질 것이요. 남을 윤택하게 하는 자는 자기도 윤택하여지리라." 물론 잠언 저자의 조언을 듣고 있노라면 "나 쓸 것도 없어 죽겠는데, 어떻게 남을 도와줘?"라는 볼멘소리가 저절로 나올 거예요. '학생과 취준생 신분에서 물질적으로 남을 돕는다는 게 가당키나 해?'라는 생각이 당연하게 들기 때문이죠. 하지만 잠언 저자가 말하고 있는 '구제'가 비단 물질적인 것에만 국한되는 건 아니라고 생각해요.

도서관 혹은 노량진 학원가에서 현미경과 같은 시각으로 내 책상에 올려져 있는 책에 온 정신을 집중하면서도, 옆자리에 앉은 사람의 숨소리에 귀를 기울여 보는 것, 떨어뜨린 볼펜을 흔쾌히 집어 주는 도움을 줘 보는 것 또한 '구제'의 한 방법이라는 생각이 드네요. 힘든 시기를 같이 겪고 있는 사람들이 서로 작은 배려를 주고받을 때, 때때로 순간의 찰나가 평생의 감사가 될 수 있고, 눈에 보이지 않는 풍족과 윤택의 작은 밑거름이 될 수 있어요. 자, 내일부터 내 옆자리에 앉아 있는 친구가 떨어뜨린 볼펜을 본다면, 흔쾌히 집어 줄 수 있는 소소한 '구제'를 시작해 보는 건 어떨까요? 작은 숨소리에도 뒤돌아볼 수 있는 마음을 가진다면, 여러분이 베푼 마음의 구제가 제비가 물고 온 '박 씨'라는 아름다운 복이 되어 돌아올 날이 분명히 있을 거예요. 믿음으로 행하고, 그 행함으로 꼭 아름다운 열매를 거두기를 기도할게요.

011

최소한 보리떡 다섯 개와
물고기 두 마리를 준비했는가?

'보상 심리'라는 말이 있어요. 내가 상대에게 이만큼 해 주었으니 상대도 나에게 이만큼 해 주었으면 하고 바라는 마음 상태를 뜻하는 말이죠. 사람이라면 누구나 자연스럽고 당연하게 가질 수 있는 마음이라는 생각이 들어요. 그런데 우리는 이런 보상 심리를 하나님을 향해서도 가지고 있어요. "하나님, 제가 이렇게 열심히 기도하고 교회를 위해 열심히 봉사했으니, 제가 원하는 것들을 들어주세요"와 같은 기도 또한 냉철하게 말하면 "내가 너에게 이만큼 해 주었으니 너도 나에게 이만큼 해 주었으면 좋겠어"라는 보상 심리의 도식에서 크게 벗어나지 않는다고 볼 수 있으니까요.

우리 하나님은 통이 크신 분이시기에 우리의 마음을 너그럽게 이해해 주실 거라고 확신해요. 하지만 생각하는 크리스천으로서 우리 한번 곰곰이 생각해 봐요. 천지 만물을 창조하신 분을 '아바 아버지'라 부를 수 있는 신앙의 금수저가 되었다는 이유만으로, 세상 물정이라고는 전혀 모르는 부잣집 외동처럼 아무런 노력도 없이 자기 권리만을 당당하게 주장하는

영감톡

것이 과연 타당할까요? 혹시 여러분도 보리떡 다섯 개와 물고기 두 마리 기준에도 미치지 못하는 어설픈 노력을 하면서, 오천 명을 먹이고도 열두 광주리가 남을 정도의 응답을 해 주시길 바라는 보상 심리를 가지고 있지는 않나요?

우리는 천사와 씨름을 한 야곱의 이야기를 잘 알고 있어요. 야곱이 하나님으로부터 '이스라엘'이라는 새로운 이름을 쉽게 얻었나요? 아니죠. 그 이름을 얻게 된 배경에는 흡사 전쟁을 방불케 하는 엄청난 치열함이 있었어요. 야곱은 허벅지 관절에 치명적인 손상을 입는 것을 아랑곳하지 않을 정도로 하나님과의 사투에 목숨을 걸었어요. 어쩌면 야곱은 그때의 부상으로 인해 평생을 불편한 몸으로 살았을지도 몰라요. '이스라엘'이라는 새로운 이름은 그런 엄청난 대가를 치르고 나서 얻게 된 거예요.

갈라디아서 6장 7절은 "사람이 무엇으로 심든지 그대로 거둔다"라고 말하고 있고, 고린도후서 9장 6절은 "적게 심는 자는 적게 거두고 많이 심는 자는 많이 거둔다"라고 말하고 있어요. 크리스천 청년이라는 이유만으로 하나님의 능력에 '무임승차' 하려는 마음은 거룩한 소원일까요? 아니면 그릇된 탐욕일까요? 무엇을, 어떻게, 얼마나 심었는지를 냉철하게 성찰할 수 있고, 더하여 야곱의 몸부림을 닮아 가고자 노력하는 크리스천 청년이 되었으면 해요. 그 노력과 결단, 우리 주님께서 결코 외면하지 않으실 거라고 확신해요.

실패로만 남는 실패는 없다

　이 글을 읽고 있다는 건 여러분이 취준, 시험, 슬럼프 때문에 힘들어하고 있다는 뜻이겠죠? 제가 목사로서, 그리고 좀 더 살아 본 인생 선배로서 하고 싶은 말은, 인생이라는 씨앗은 단번에 기름진 밭에 떨어져서 100배의 수확을 맺기가 힘들다는 거예요. 때로는 길가에, 어느 때는 돌밭에, 또는 가시밭 위에 떨어지는 것이 불가피해요. 그리고 이러한 시행착오가 있고 난 후에야 비로소 값진 결과를 얻는 것이 인생인 것 같아요.

　저도 지난날을 돌아보면 가시밭에 떨어져 본 덕분에 값진 것들을 참 많이 얻은 것 같아요. 섬기고 있는 교회에서 나오게 되어 준비했던 청년 사역 활동은 물거품이 됐지만, 그 덕분에 온라인에서 6천 명의 청년들을 만날 수 있게 되었고, 사업에 실패해 본 경험도 있어 실패한 사람들의 마음을 헤아릴 수 있었어요. 가시밭에 떨어져 본 경험 덕을 톡톡히 본 것이라고 할 수 있겠죠. 세상에 실패로만 남는 실패는 없어요. 다만 실패가 성공이라는 씨앗으로 다져지기 전까지 시간과 노력이 부족한 것일 뿐이에요. 그러니 실패 때문에 상처 받지 말고, 인내하면서 조금 더 노력해 보라고 말씀드리고 싶어요. 아무리 악한 자라고 해도 부모는 자식에게만큼은 세상에서 제일 좋은 것을 줄 줄 안대요. 하물며 하나님께서 인내의 씨앗을 뿌린 여러분의 인생을 나 몰라라 하며 외면하실까요?

내가 할 수 있는 일을 하며 인내하면 나머지 부족함은 하나님께서 채워 주실 거예요. 그러다 보면 길가에, 가시밭에, 돌밭에 뿌려졌었던 여러분의 실패가 어느 순간 탐스러운 열매가 되어 기쁘게 수확할 날이 올 거예요. "하나님 제가 또 실패하고 말았습니다. 저는 언제까지 실패만 하는 인생을 살아가야 하나요?" 이 말에만 머물지 말고 "내 형제들아, 너희가 여러 가지 시험을 당하거든 온전히 기쁘게 여기라. 이는 너희 믿음의 시련이 인내를 만들어 내는 줄 너희가 앎이라. 인내를 온전히 이루라. 이는 너희로 온전하게 구비하여 조금도 부족함이 없게 하려 함이라"라는 야고보서 1장 2-4절 말씀에 의지하여 다시금 나아가면 좋겠어요. 조금도 부족함이 없게 하려 하신다는 하나님의 보증이 담겨 있는 희망의 말씀이잖아요.

하지만 그러기 위해서 여러분이 반드시 감당해야만 하는 한 가지 선한 의무가 있음을 잊지 말아야겠어요. 온전하게 구비하는 데에는 시간이 걸린다는 것과 그 시간이 걸리는 가운데 적지 않은 땀과 눈물과 노력이 담길 수밖에 없다는 것을요. 인내는 쓰고 그 열매는 달다고 했어요. 조금도 부족함이 없게 하실 것이라는 하나님의 보증을 믿고 소신 있게 걸어가는 귀한 삶의 소유자들이 되기를 기도할게요.

취준으로 힘들 땐
요셉처럼 살아 보세요

　요셉은 17살이라는 어린 나이에 형들에게 미움을 받아 애굽의 노예로 끌려가게 되었어요. 또한 열심히 일하던 곳에서 억울하게 모함을 받아 감옥에 갇히는 범죄자 신분이 되기도 했고요. 보통 사람 같으면, 밀려오는 '현타'에 세상을 저주하고 원망하며 주저앉고 말았을 거예요. 삶을 포기하려고 하는 극단적인 마음까지도 먹었을지 몰라요. 그러나 요셉은 그 모든 역경을 보란 듯이 이겨 냈어요. 그런데, 와! 그 이겨 낸 정도가 정말 엄청나요. '감옥살이'를 하던 사람이 애굽의 총리 자리까지 올라갔기 때문이에요. 그것도 7년 흉년을 슬기롭게 이겨 낼 만큼 훌륭한 총리가 되어서 말이죠. 요셉이 이렇게 고통과 고난을 이겨 낼 수 있었던 이유가 무엇이었을까요? 남들에게는 없는 어떤 특별한 능력이 있었기 때문일까요? 아니요. 바로 고난을 대하는 삶의 자세가 남달랐기 때문이에요.

　창세기 39장 3절과 21-23절은 보디발과 간수장이 요셉을 전적으로 신뢰하였던 이유를 "하나님이 요셉과 함께하셨기 때문"이라고 말하고 있어요. 이 말은 하나님이 여전히 자신과 함께하고 있음을 믿고 있기에 비록 종의 신분이지만 주인처럼 생각하며 배우고, 감옥에 있는 신분이지만 포기하지 않고 주어진 삶에서 최선을 다하며 살았다는 뜻이에요. 요셉은 하인이나 죄수였을 때조차도 상황에 상관없이 그 자리에서 배울 수 있는 모든 걸 배우려고 노력했어요. '넘어진 김에 뭐라도 주워서 일어난다'라는 말이 있죠. 요셉은 인생이 잠시 고꾸라져도 포기하지 않고 무엇이라도 주워서 일어나는 사람이었어요. 형들의 계략으로 종이 되었을 때는 성실함의 중요성을 배우고, 감옥에 갇히게 되었을 때는 성실하게 자신의 일에 책임을 다하는 과정을 통해 행정 능력을 배웠어요.

특히 이 행정 능력은 감옥의 간수에게서 인정받는 수준이었고, 이를 기반 삼아 후에 총리가 됐을 때 요셉은 최고의 정치를 할 수 있었죠. 이런 고난을 대하는 자세 덕분에 하나님도 요셉과 함께해 주신 거예요. 시험, 취준, 끝이 보이지 않는 과정을 겪어 내는 것이 정말 힘들죠? 하지만 이 점을 항상 기억하면 좋겠어요. 요셉의 하나님이 곧 여러분의 하나님이시기에 요셉과 함께하셨던 것처럼 여러분과도 함께해 주신다는 걸요. 그러니 이제부터라도 "인내는 연단을, 연단은 소망을 이루는 줄 앎이로다"라는 로마서 5장 4절 말씀처럼, 힘들 때마다 미완성이 아닌 '과정'을 만들어 간다고 생각해 보면 어떨까요? 취준 시기에 습득한 것들이 지금 당장은 아무것도 아닌 것처럼 보여도, 나중에 여러분에게 꼭 필요한 황금 열쇠가 될지도 모르는 일이에요. 그러니 여러분, 그날을 기대하며 하루하루 한 발짝씩 빛나는 결과를 향해 걸어가는 크리스천 청년들이 되기를 진심으로 기도합니다.

014

실패로 얻을 수 있는 것 두 가지

청년의 시기를 살아가면서 여러분은 많은 선택을 하게 돼요. 그러다 보면 내 노력과 애씀이 무심하게도 삶이 실패한 선택으로 얼룩질 때가 더러 있기도 해요. 그럴 때 당장은 그 얼룩이 싫고 거북스럽게만 느껴질 때가 많을 거예요. 하지만 좋지 않은 느낌과는 달리, 실패 때문에 여러분이 얻을 수 있는 건 두 가지나 돼요.

첫 번째, 시야가 확장돼요. 얼룩진 실패를 극복하는 과정을 통해, 보는 안목이 넓어지고 깊어져요. 예전에는 실패까지만 볼 수 있었다면, 실패를 경험한 이후부터는 성장의 과정까지 볼 수 있게 되는 거죠. 시야가 넓어지고 안목이 깊어지면 더는 실패가 두렵지 않게 느껴져요. 다시금 실패를 만나더라도 깊어진 안목과 넓어진 시야가 예전의 내가 아닐 수 있도록 버팀목이 되어 주기 때문이에요. 두 번째, 길을 헤매지 않게 도와주는 길눈을 얻게 돼요. 방향을 잃고 헤매어 본 사람만이 그 길이 어떤 길인지를 정확하게 파악할 수 있어요. 이처럼 실패하는 선택을 해 본 사람만이 다음 선택을 올바른 판단이 될 수 있게 하는 힘을 갖는 거예요.

물론 실패라는 얼룩은 몸과 마음에 상처를 주기도 해요. 하지만 그 상처는 경험과 연륜이 차곡차곡 쌓이고 있다는 증표이기도 해요. 인생이 단단히 꿰매어지고 있다는 뜻이기도 하죠. 하나님은 그런 과정을 걷고 있는 이들에게 이사야 41장 10절을 통해 이렇게 약속하고 계세요. "두려워 말라. 내가 너와 함께함이라. 놀라지 말라. 나는 네 하나님이 됨이라. 내가 너를 굳세게 하리라. 참으로 너를 도와주리라. 나의 의로운 오른손으로 너를 붙들리라." 이 약속의 말씀 앞에서 여러분은 어떤 마음 상태인가요? 여전히 상처 때문에 경험과 연륜이 쌓이는 것을 주저하고 있나요? 의심의 벽을 넘어서지 못해서 인생이 단단히 꿰매어지는 것에 머뭇거리고 있나요?

명심하세요. 하나님은 여러분에게 "너와 함께하겠다", "너를 굳세게 해 주겠다"라고 약속해 주셨지, "두렵지 않게 해 주겠다", "놀라지 않게 해 주겠다"라고 약속해 주시지 않았다는 사실을 말이죠. 두려움과 의심을 넘어서고자 한다면 겨자씨 같은 작은 믿음일지라도 "너와 함께하겠다"라는 약속의 말씀에 의지하는 자세가 필요해요. "하나님, 너무나도 두렵지만 저를 위해 준비하신 계획이 있음을 믿어요"라는 다짐과 더불어 당당하게 맞서야 한다는 것이죠. 뿌리 깊은 나무임을 믿으며 물을 주면 작은 밀알도 굳건한 나무로 성장하듯, 내 실패도 머지않아 반드시 기쁨으로 거두게 될 거라는 확신과 함께 얼룩 이면의 가능성을 바라보면 좋겠어요. 하나님의 사람답게 꼭 그런 삶의 주인공이 되기를 바랍니다.

두려움이라는 거품

인생에서 '시련'이라는 돌부리에 걸려 넘어질 때, 여러분은 이런 생각이 들곤 할 거예요. '이렇게 넘어져도 다시 일어날 수 있을까?', '크게 다치지는 않을까?' 그런데 이런 상황이 더욱 두렵게 느껴지는 진짜 이유는 나 혼자만 시련이라는 돌부리에 걸려 넘어졌다는 생각을 떨쳐 내기가 어렵기 때문이에요. 나하고 똑같은 여정을 걷는 사람들 모두가 나처럼 똑같은 돌부리에 걸려 넘어졌다면 상대방을 보면서 버텨 낼 수도 있었을 거예요. 하지만 '나만 빼고 모두가 자기 계획대로 잘만 가고 있잖아.' '남들은 다 성공가도를 달리고 있는데 나만 혼자 쫄딱 망한 건가?' 하는 자괴감이 물밀듯 밀려올 때면, 미칠 것만 같은 마음을 억누를 수가 없어요.

"너는 마음을 다하여 여호와를 신뢰하고, 네 명철을 의지하지 말라. 너는 범사에 그를 인정하라. 그리하면 네 길을 지도하시리라." 잠언 3장 5-6절 말씀을 하루에도 몇 번씩 읊조려 보지만, "신뢰하라. 범사에 그를 인정하라"라며 두려움에 떨고 있는 우리에게 하나님께서 확신을 주고 계신다는 걸 머리로는 알고 있지만, 실상은 넘어짐 앞에서 쉽게 무너지곤 해요.

그런데 여러분, 취준과 시험으로 인해 체감하고 있는 현재의 힘듦, 그 강도와 크기가 진짜(실제)일까요? 혹시 "난 올해 꼭 합격해야만 해, 난 이번 시험에서 무슨 일이 있더라도 A 플러스를 받아야만 해"라는 여러분의 절박감이 만들어 낸 거품 현상일 가능성은 전혀 없는 걸까요? 여러분의 부정적인 생각에 잠시 브레이크를 걸어 보라고 조언하고 싶네요.

예수님은 안식일이 사람을 위해 있는 것이지 사람이 안식일을 위해 있는 것은 아니라고 말씀하셨어요. 그렇다면 여러분의 인생과 취업과 시험의 관계는 어떠한가요? 여러분의 인생 안에 취업과 시험이 있는 것인가요? 아니면 여러분의 인생이 취업과 시험 안에 있는 것인가요? 예수님의 말씀대로라고 한다면, 여러분의 인생 안에 취업과 시험이 있어야 하는 것이 맞아요. 그런데 실제로 그러한가요? 물론 청년 시기는 스스로 자신의 빵 문제를 해결해야 할 나이이기에 취준과 각종 시험은 너무 중요해요. 하지만 시련은 비단 청년의 시기에만 있는 걸림돌이 아니에요. 그럼에도 불구하고 지나치다 싶을 정도로 넘어짐에 두려움을 가지고 있다면, '아! 내가 예수님이 하신 말씀과 반대되는 생각을 가지고서 취준과 시험을 준비하며 살아가고 있구나'라고 자신을 돌아볼 수 있어야 해요. 지금의 두려움은 실제 크기나 강도가 아닐 가능성이 매우 높기 때문이에요. 청년 여러분, 취준과 시험은 인생의 '목적'이 아니라 '수단'임을 명심하시기 바랍니다.

내가 할 수 있는 일을 하며 인내하면
나머지 부족함은 하나님께서 채워 주실 거예요.

여러분의 실패가 어느 순간 탐스러운 열매가 되어
기쁘게 수확할 날이 올 거예요.

나중 된 자가 먼저 된다

'나만 너무 늦게 가는 것 같은데… 도대체 나의 때는 언제 오는 것일까?' 남들과 다른 삶의 속도 때문에 마음이 한없이 불편하고 불안해질 때가 있을 거예요. 아무리 객관적으로 생각해 봐도 남들보다 노력도 많이 하는 것 같고 실력도 뒤지지 않는데, 도무지 앞서나가지를 못하는 내 삶이 너무도 답답하고, 때로는 조바심 때문에 안달이 나서 얼굴이 벌겋게 달아오르기도 하죠. 보란 듯이 내 옆을 지나 앞으로 치고 나가는 사람들을 보며 '하… 나는 언제나 저들처럼 멋있게 살아 볼 수 있을까?'라는 한숨밖에는 달리 할 것이 없는 내 모습에, 마음은 더욱 초라해지고 무거울 거예요.

그러나 여러분, 나의 때가 오지 않아서 불안해지고 초라해질 때 공생애를 시작하시기 전 '예수님의 30년'을 기억하면 좋겠어요. "예수께서 세례를 받으시고 곧 물에서 올라오실새 하늘이 열리고 하나님의 성령이 비둘기 같이 내려 자기 위에 임하심을 보더니, 하늘로부터 소리가 있어 말씀하시되 이는 내 사랑하는 아들이요 내 기뻐하는 자라 하시니라." 마태복음 3장 16-17절 말씀은 예수님의 공생애가 시작되는 장면이에요. 예수님은

30살에 공생애를 시작하셨죠. 그리고 그 후 3년 동안 이 땅에 하나님 나라를 선포하셨어요. 3년과 30년! 예수님은 3년이라는 공생애 시간을 위해 그 열 배인 30년이라는 긴 세월을 준비하며 기다려 오셨어요. 하늘이 열리고 하나님의 성령이 비둘기같이 내리는 아름다운 공생애의 첫 발걸음은 30년을 기다린 인고의 결과물이라는 거예요.

여러분은 예수님의 자녀이며 제자인가요? 이 질문에 그렇다고 인정한다면, 이제 앞으로 어떤 자세로 인생의 여정을 살아가야 하는지가 분명해졌네요. 우리는 예수님의 자녀답게, 예수님처럼 느림의 위엄을 보여 주는 삶을 살아가면 돼요. 다른 사람보다 뒤처지는 것 같다는 느낌 때문에 달리다 보면 자신의 속도를 잃어버리게 돼요. 조금 느리더라도 어딘가로 향하고 있으니, 나에게 맞는 속도를 찾으면 돼요. 중요한 건 적어도 '멈추지 않는 자세'예요. 어쩌면 이러한 삶의 자세가 공생애의 첫 발걸음을 기다리던 예수님의 삶을 대변하고 있을지도 모른다는 생각이 들어요. 느리더라도 예수님처럼 맞는 방향으로 묵묵히 걸어간다면 '때가 차매' 여러분께 합당한 때가 찾아올 거예요. 이처럼 지금은 비록 느리고 돌아서 가는 것같이 느껴지겠지만, 느리게 가는 만큼 여러분만을 위한 때가 반드시 찾아올 거예요.

시험을 참는 자에게 복이 있나니

"10년 후…" 드라마를 보다 보면 이런 자막이 종종 등장하곤 해요. 10년 후, 주인공은 힘들었던 과거는 잊고 행복하게 살아가는 모습을 보여 주죠. 그러나 10년 후의 행복한 모습은 단순히 시간만 흐른다고 가능한 게 아니에요. 행복하고 평온한 시간은 시련을 견뎌 낸 사람만이 도착할 수 있는 시간이에요. 욥기 42장 12-13절은 말년에 들어선 욥이 하나님으로부터 받은 복에 대해서 이렇게 알려 주고 있어요. "여호와께서 욥의 말년에 욥에게 처음보다 더 복을 주시니 그가 양 만사천과 낙타 육천과 소 천 겨리와 암나귀 천을 두었고 또 아들 일곱과 딸 셋을 낳았으며" 그리고 16-17절은 이렇게 말하고 있어요. "그 후에 욥이 백사십 년을 살며 아들과 손자 사대를 보았고 욥이 늙어 나이가 차서 죽었더라" 그런데 욥이 받은 말년의 복, 여러분은 이 복이 어떤 복이라고 생각하나요? 풍족하고 풍부한 결과만을 보고서 너무도 쉽게 이런 말을 내뱉는 사람이 있을 수도 있어요. "욥이 부러워. 나도 욥과 같은 복을 받았으면 좋겠어." 그러나 이런 말은 욥이 견딘 시련을 모르는 사람들이나 할 수 있는 말이에요.

여러분은 이런 말을 들어 보신 적이 있나요? "부모는 자식이 먼저 죽으면 가슴에 묻는다." 욥은 한순간에 사랑하는 자녀를 잃은 사람이었어요. 자식을 잃은 비통함은 세상 어떤 슬픔과도 비교할 수 없을 만큼 큰 애통함이에요. 자신의 전부를 잃었다고 해도 과언이 아닌 슬픔이기 때문이죠. 하지만 욥은 창자가 끊어질 것 같은 고통과 아픔을 마음에 담고 살아가면서도 하나님과 함께하는 삶에서 이탈하지 않았어요. 어쩌면 하루하루가 지옥과도 같은 삶이었을 수도 있었겠지만, 먼저 간 자식들 몫까지 최선을 다해 살아가고자 몸부림치는 시간을 보냈던 거죠. 그 세월은 결코 짧은 세월이 아니었어요. 욥이 말년에 받았던 복은 이 힘든 시간을 이겨 낸 후에 받은 복임을 우리는 꼭 알아야만 해요

야고보서 1장 12절은 이렇게 말하고 있어요. "시험을 참는 자는 복이 있나니 이는 시련을 견디어 낸 자가 주께서 자기를 사랑하는 자들에게 약속하신 생명의 면류관을 얻을 것이기 때문이라." 생명의 면류관을 받고 싶으신가요? 그렇다면 선택의 여지가 없어요. 현재 시련을 견뎌 내야만 해요. 당연히 아프고 힘들고 포기하고 싶고, 때로는 원망도 나올 수 있겠죠. 그러나 이 과정을 감당하지 못한다면 결코 생명의 면류관, 욥이 받았던 말년의 복은 얻을 수 없어요. 드라마 속 주인공처럼 하나님이 주시는 복이라는 해피 엔딩이 여러분에게 찾아오길 응원하고 기도할게요.

누구에게나 울고 싶은 밤이 있다

어떤 일을 할 때 그 결과가 확실하게 보장만 되어 있다고 한다면, 아무리 힘들어도 즐거운 마음으로 기꺼이 할 수 있을 거예요. 흘린 땀과 노력에 대한 대가가 든든하게 준비되어 있으니까요. 그러나 우리가 살아가는 세상살이는 그런 경우가 많지 않아요. 아니, 희박하다고 해야 더 정확하겠네요. 신학생 시절, 어머니와 함께 분식점을 운영했던 적이 있어요. 내 학비는 내가 벌어서 다니겠다는 생각에 학업과 일을 병행했었죠. 그때 겪었던 사건 하나가 지금도 생생하게 기억에 남아 있어요. 거의 12시간이 넘게 일을 하고 나서 하루를 정산하는데, 물건값을 비롯해 그날 사용한 비용을 제하고 나니 어머니와 제 몫으로 각각 1만 원이라는 돈밖에 남지 않는 거예요. 하루의 반 절을 쏟아부었는데 고작 1만 원이라니, 너무도 허탈하고 어이가 없어서 어머니와 저는 서로를 보며 웃을 수밖에 없었죠.

그러면서 '이게 세상살이구나'라는 생각이 들면서 서러웠어요. 낮에는 육아와 공부를 하면서 마음이 바싹 마르고, 밤에는 불안한 마음에 눈물을 흘려 마음이 축축해지는 상황의 반복이었죠. 그렇게 울고 싶은 밤마다 저에게 용기를 주었던 말씀은 시편 126편 5-6절 말씀이었어요. "눈물을 흘리며 씨를 뿌리는 자는 기쁨으로 거두리로다. 울며 씨를 뿌리러 나가는 자는 반드시 기쁨으로 그 곡식 단을 가지고 돌아오리로다." 이 말씀 덕분에 힘든 시간을 이겨 내고 목사로서 여러분을 만나게 된 것 같아요. 여러분도 미래를 준비하면서 "하나님, 저 지금 정말 힘듭니다"라는 말이 입 밖으로 터져 나올 때가 있을 거예요. 현재의 땀 흘림에 대한 아무런 보장도 보이지 않는 막막함에 이 탄식이 더욱 깊어지고 있겠죠.

　하지만 지레 겁을 먹거나, 너무 낙담하거나, 두려워하지 마세요. 여러분이 울며 씨를 뿌릴 때 흐르는 눈물에 담긴 여러분의 땀과 노력을 주님은 기억하고 계세요. 그분은 여러분이 눈물범벅이 되었을 때조차 씨를 뿌리는 성실함을 보셨고, 또 기억하고 계세요. 그러니 당장 무언가가 잡히지 않는다고 해서 실망하거나 좌절하지 말고, 계속 앞으로 나아가세요. 노력하고 애씀에 주저하지 마세요. 여러분이 행하는 모든 수고에는 이미 '반드시'라는 약속이 동행하고 있을 거예요. 그리고 그 결과는 반드시 기쁨의 수확이 될 거예요. 이 약속을 믿으며 스스로의 최선을 멈추지 않는 여러분이 되기를 바랍니다.

나의 능력은 행복을 찾는 것

여러분은 '능력'이라는 단어를 어떻게 정의하고 있나요? 뭔가 대단한 것을 이루어 내는 힘이라고만 생각하나요? 예를 들면, 많은 시간을 쏟아부어도 될까 말까 한 꿈의 직장에 단번에 합격하는 것, 혹은 모두가 힘들다고 포기하는 시험에서 쉽사리 높은 점수를 받는 것, 이런 모습만이 '능력'이라고 생각하지는 않나요? 솔직하게 말하면 저도 이런 모습만이 '능력'이라고 생각하던 때가 있었어요.

부끄럽지만 예전의 저는 큰 교회에서 수백 명 혹은 수천 명의 성도들과 은혜를 나누며 사역하는 것만을 목회자의 능력이라고 믿었어요. 그러던 어느 날 '소소하지만 확실한 행복을 느끼는 것도 능력이지 않을까?'라는 생각의 전환이 일어나게 되었어요. 사람보다 소가 더 많은 시골 교회로 사역지를 옮긴 게 계기였죠. 평소와 똑같은 하루가 끝난 어느 날, 저는 무심코 밤하늘을 올려다보았어요. 정말로 오래간만에 올려다본 밤하늘이었죠. 그런데 별 하나가 왜 이제야 올려다보느냐고 핀잔을 주듯 유독 반짝거리는 것 아니겠어요? 그래서 그 반짝이고 있는 별과 눈을 맞췄죠. 그러자 옆에 다른 별이 보였고, 이윽고 수많은 별들이 눈에 들어왔어요. 하나님께서 별들의 얼굴을 하고서 저에게 이렇게 말씀하시는 것 같았어요. "경호야, 너를 위해 이렇게 좋은 것들을 준비했는데, 왜 한 번도 하늘을 올려다보지 않은 거니? 널 위한 행복을 왜 미뤄 두기만 하는 거니?" 그러고 보니 이곳에 와서는 하늘 한번 쳐다볼 여유가 없었던 것 같다는 생각이 들었어요. 지금 생각해 보면, 당장 성취한 게 없다는 생각 때문에 행복을 뒤로 미뤄 놨던 것 같아요. 이 일 덕분에 자신의 자리에서 행복을 찾아 행복한 마음을 유지하는 것도 능력이라는 걸 깨달았어요. 어떤 자리에서든지 자신의 마음을 행복하게 지키는 것. 이것 또한 대단한 능력이 아닐까 하는 생각이 들더군요. 시골 교회에서의 능력 발휘는 하나님이 만들어 놓으신 자연을 바라보며 하나님의 위대하심과 일상의 소소한 행복을 발견하는 것이었는데, 그때는 그걸 몰랐던 거죠.

취업 준비와 여러 시험에 지치더라도 여러분의 행복을 미루지는 마세요. '소확행을 찾는 능력' 또한 하나님이 여러분에게 허락하신 선물이에요. 맑은 날 밤이 찾아오면 그때는 여러분이 먼저 밤하늘을 쳐다보며 별님 친구들과 눈 맞춤을 하는 능력을 마음껏 발휘해 보셨으면 해요. 능력 주시는 자께서 허락하신 능력치 안에서 소소하지만 확실한 행복을 발견하고 누리시기를 진심으로 바랍니다. 어떤 생각이 몰려오더라도 부정적인 생각을 다 지우고 나면 나타나는 긍정적인 생각 안에 머물 때, 우리는 행복해질 수 있어요. 삶의 어느 페이지에서나, 어느 자리에서나 기뻐하고 행복할 수 있는 능력을 가질 수 있게 되길 진심으로 기도할게요.

소리와 소음을 구분하며 사는 삶

　이솝우화의 당나귀 이야기를 들어본 적 있나요? 아버지와 아들이 당나귀를 끌고 가는데, 아버지가 당나귀에 타니 어떤 이는 아버지가 아들을 고생시킨다고 하고, 아들이 타니 버릇이 없다고 하고, 아버지와 아들 둘 다 타니 당나귀가 불쌍하다고 하여 중심이 무너지고 판단력이 흐려져, 결국 당나귀를 나무에 달고 가다가 당나귀가 죽어 버렸다는 이야기예요. 우리는 과연 타인의 조언을 어디까지 들어야 할까요? 청년 시기에는 선택의 기로에 설 때가 많아요. 그때마다 여러 조언에 혼란스러울 때가 많을 거예요.

　그런데 여러분, 조언을 들을 때는 꼭 소리와 소음을 구분해야 해요. 나를 생각해서 진심으로 해 주는 조언은 '소리'이지만, 깊이 생각하지 않고서 하는 조언은 '소음'에 불과해요. 그런데 아이러니한 건, 조언을 해 주는 대부분의 사람들은 여러분 인생에 대해서 신중하고 심각하게 생각하는 사람들이 아닐 수도 있다는 거예요. 그냥 지나가고 나면 안 들릴 길거리 위의 음악처럼 가벼운 소음에 불과할 수도 있다는 거죠. 소리와 소음을 구분하지 못하면 정신적으로 흔들리게 되고, 정신적으로 흔들린다는 것은 어쩌면 여러분의 인생이라는 배에 이러쿵저러쿵하는 사공들이 많이 개입되어 있다는 것일 수도 있어요. 여러분에게 주어진 '삶'이라는 배의 선장은 오로지 여러분만이 할 수 있어요. 그러니 주변 사람들의 말을 참고는 하되, 사공 자리를 내어 주는 어리석음은 범하지 말았으면 해요.

단, 모든 세상의 소리에 귀를 닫으라는 건 아니에요. 전도서 7장 21절은 이렇게 말하고 있어요. "또한 사람들이 하는 모든 말에 네 마음을 두지 말라. 그리하면 네 종이 너를 저주하는 것을 듣지 아니하리라." 전도서 저자의 당부처럼, 필요한 것과 참고할 것, 그리고 불필요한 것과 해로운 것의 기준을 스스로 세워야 해요. 중심이 흔들릴 정도로 세상 사람들이 하는 모든 말에 마음을 빼앗기지 말라는 거예요. 예수님은 마태복음 11장 15절에서 이렇게 말씀하셨어요. "귀 있는 자는 들을지어다." 마가복음 4장에서 네 가지 땅에 떨어진 씨 비유를 하신 후에 9절에서도 이렇게 말씀하셨는데, 반복해서 강조하셨다는 것은 곧 그만큼 중요하다는 의미겠죠.

그렇다면 예수님이 수차례에 걸쳐서 강조하신 이 '귀'는 어떤 귀일까요? 소리와 소음을 구별하여 들을 수 있는 지혜와 지식의 귀라고 이해해도 무관하지 않을까요? 하지만 그냥 얻어지는 것은 없어요. 지혜가 많으면 번뇌가 많아지고, 지식이 더하면 근심이 많아진다는 전도서 1장 18절의 말씀처럼, 소리와 소음을 구별할 때 발생되는 번뇌와 근심의 무게를 감당해야만 해요. 그럼에도 불구하고 소리와 소음을 구분할 줄 아는 영감톡 청년들이 되길 응원하고 기도하겠습니다.

PART 2
교회생활,
신앙 고민

" 비둘기의 순결함으로
그리스도의 향기를 풍기고 싶은
청년들을 위해 "

교회 봉사 하기 싫을 때
생각해 볼 세 가지

"성가대원으로 봉사 좀 해 주세요", "방송실에서 봉사해 볼 생각 없어요?", "청년부 임원 활동 같이하자" 청년 크리스천이라면 이런 제안을 한 번쯤은 받아본 적 있을 거예요. 제안받은 일이 마음에 들어서 기분 좋게 할 수 있다면 더없이 좋겠지만, 때로는 봉사 요청을 거절하고 싶을 때도 있을 거예요. 이때 무작정 하기 싫다고 말을 하자니, 성의가 없어 보이기도 하고, 심지어 신앙이 없는 모습으로 보일까 걱정이 되기도 해요. 하지만 그렇다고 해서 봉사를 억지로 하는 것은 공동체와 여러분 모두에게 아무런 유익이 없어요. 또한 거짓 봉사는 마치 신앙 코스프레와도 같은 것이기에 당연히 그 수명도 짧을 테고요. 그러니 무작정 거절하기 전에 내가 어째서 봉사를 하기 싫어하는지 그 이유를 꼭 생각해 봐야 해요. 이유에 따라 해결 방법이 달라지거든요.

첫째, 개인 신앙생활에 집중하기 위함이 이유일 수 있을 거예요. 이런 경우에는 딱히 설명할 만한 사정이 있는 게 아니기 때문에 정말 있는 그대로 말하는 수밖에 없어요. 솔직한 마음을 전했는데도 여러분을 비판한다면 그건 상대방의 욕심이라고밖에 볼 수 없을 것 같아요. 둘째, 봉사가 왜 필요한지 모르기 때문일 수도 있을 거예요. 이런 경우에는 자신이 교회 공동체에서 봉사하는 분들에게서 도움받은 것들을 생각해 보세요. 식당 봉사를 해 주시는 분들 덕분에 먹었던 따뜻한 밥, 미디어팀 덕분에 가능했던 다채로운 예배와 같은 것들이요. 셋째, 내 능력 밖의 일이기 때문이기도 할 거예요. 떠밀려서 하는 내 능력 밖의 교회 봉사는 내 삶도 교회 일도 감당하지 못하는 결과를 초래하곤 해요. 결국에는 봉사의 의미가 변질되고 공동체에 대한 시기와 미움만 남게 될 거예요. 이런 경우에는 그냥 거절하는 게 아니라 내가 할 수 없는 일이라는 점을 명확하게 전달해야 해요.

단, 실제로는 할 수 있는데 못한다고 합리화하지는 않는지, 할 수 있는 능력을 가진 사람이 나밖에 없는데 내가 조금의 관용도 베풀지 않는 건 아닌지 스스로를 돌아볼 필요가 있어요. "하나님을 사랑하는 자, 곧 그의 뜻대로 부르심을 입은 자들에게는 모든 것이 합력하여 선을 이루느니라"라고 로마서 8장 28절은 말하고 있어요. 합력한다는 것은 '나', '너'가 아닌 '우리'라는 공동체의 유익을 위한 행함이에요. 그러니 교회 봉사는 강요해서도 안 되고 강요에 의해서 억지로 해서도 안 돼요. 하지만 적어도 크리스천이라면, 공동체에서 나의 능력을 필요로 할 때, 나에게 그 능력이 있을 때, 하나님을 사랑하는 자녀답게, 제자답게 '봉사'라는 이름으로 합력하여 선을 이루어 보는 것도 좋을 듯해요. 여러분의 삶에도 분명 합력하여 선을 이루는 유익이 있을 거예요.

소중한 사람을 전도하는 확실한 방법

기독교인이 누군가에게 하나님을 전하고 싶은 마음을 가지는 건 너무나도 당연해요. 하지만 일방적이고 소통이 없는 전도는 오히려 친구에게 반감을 살 수 있어요. 나는 아파 죽겠는데 좋은 레스토랑이 있다고 가자고 하면 어떨까요? 아무리 미슐랭을 받은 곳이라고 한들 귀에 들어올까요? 생활비 걱정으로 속앓이하는 친구 앞에서 인스타 핫플(hot place)을 가자고 말한다면, 듣고 있는 친구가 어떤 생각을 하게 될까요? 아무리 좋은 곳이라고 한들 관심이 생길까요? 이처럼, 그 사람의 사정도 모르면서 무작정 하는 예수 믿어야 천국 간다는 말이나, 뜬금없이 집으로 찾아가서 전하는 말은 그들에게 공허한 메아리와도 같은 거예요. 물론 좋은 '의도'는 있을 수 있겠죠. 하지만 좋은 '의미'는 어디에도 없어요. 내 선한 의도가 친구의 귀에 들려서 유익한 의미로 와 닿을 때, 비로소 이를 진정한 전도라고 할 수 있으니까요.

"유대인들에게 내가 유대인과 같이 된 것은 유대인들을 얻고자 함이요. 율법 아래에 있는 자들에게는 내가 율법 아래에 있지 아니하나 율법 아래

영감톡

에 있는 자같이 된 것은 율법 아래에 있는 자들을 얻고자 함이요. 율법 없는 자에게는 내가 하나님께는 율법 없는 자가 아니요 도리어 그리스도의 율법 아래에 있는 자이나 율법 없는 자와 같이 된 것은 율법 없는 자들을 얻고자 함이라. 약한 자들에게 내가 약한 자와 같이 된 것은 약한 자들을 얻고자 함이요. 내가 여러 사람에게 여러 모습이 된 것은 아무쪼록 몇 사람이라도 구원하고자 함이라.' 이것이 바로, 사도 바울이 고린도전서 9장 20-22절을 통해 밝히고 있는 제각각의 삶으로 살아가는 사람들 마음에 예수 그리스도를 담게 하는 방법이에요.

사도 바울은 유대인을 얻기 위해서는 유대인과 같이 되고, 율법 아래에 있는 자들을 얻기 위해서는 율법 아래에 있는 사람처럼 되라고 말하고 있어요. 약한 자들을 얻고자 한다면 약한 사람이 되어야 한다고 충고하는 거예요. 만약 여러분이 A라는 사람에게 하나님을 전하고 싶다면 A에 맞는 방법으로 전해야 해요. 소중한 사람을 전도하고 싶다면, '좋은 의도'만 가지고서 일방적으로 다가가서는 안 돼요. 상대방의 사정과 마음을 헤아리면서 충분히 공감하는 자세로 다가갈 때, 비로소 우리의 선한 '의도'가 좋은 '의미'가 되어 상대방의 마음에 닿을 수 있어요. 우리는 종종 상대방을 교회라는 장소에 데리고 가는 것만을 전도라고 생각할 때가 있어요. 물론 그것도 전도겠죠. 하지만 진짜 전도는 상대방의 삶과 마음에 예수라는 씨앗을 심어 주는 거예요. 이 점을 꼭 기억해서 사랑하는 사람에게 진짜 예수를 전하는 크리스천이 되기를 바랍니다.

023

크리스천이 세상의 콘텐츠를 소비해도 될까?

만약 여러분이 모래사장에 가게 된다면 다음 중 어떤 선택을 할 것 같나요? "모래는 나중에 털면 돼! 일단 바다를 경험해 보자!" 혹은 "모래 묻는 거 싫어. 그냥 안 놀고 앉아만 있을래?" 만일 전자를 선택했다면 바다에서 좋은 추억과 경험을 얻었을 테지만, 후자를 선택했다면 깔끔하게 돌아올 수는 있었을지언정 아마도 바다에서의 값진 시간과 경험은 놓쳤을 거예요. 여러분, 바다에 머무르려면 반드시 모래를 밟을 수밖에 없어요. 그러다 보면 몸에 모래가 묻는 것은 피할 수 없겠죠. 그렇다고 모래가 무서워서 바다에 가는 것 자체를 포기해야 할까요? 바다에서 얻을 수 있는 것들이 이렇게나 많은데도요? '폭력, 거짓말, 미움, 비교, 시기, 질투' 우리가 살아가는 세상도 자잘한 모래로 가득한 해변과 같아요. 특히 크리스천이 아닌 친구들과 만날 때면 세상 것들에 오염되는 것만 같아 마음이 불편할 때가 많을 거예요.

그리고 가끔은 이런 생각도 들 수 있어요. '크리스천 친구들만 만나야 하나?', '인스타, TV 같은 세상의 것들을 다 끊어 내야 하나?' 하지만 모래가 무섭다고 바다를 멀리 할 수 없는 것처럼, 세상의 것들이 두렵다고 세상을 멀리 할 수는 없어요. 바다는 가끔 가는 곳이지만, 세상은 우리가 살고 있고, 살아 내야만 하는 삶의 터전이니까요. 사실 세상은 모래처럼 나쁜 것으로만 가득 찬 곳이 아니에요. 그 증거가 바로 요한복음 3장 16절 말씀이라고 할 수 있어요. "하나님이 세상을 이처럼 사랑하사 독생자를 주셨으니 이는 그를 믿는 자마다 멸망하지 않고 영생을 얻게 하려 하심이라." 하나님은 특정한 것을 위해 독생자를 보내신 것이 아니라 세상 전체를 사랑하셔서 예수님을 보내셨어요.

하나님이 세상 전체를 사랑하셔서 세상 곳곳에 선하고 좋은 것들도 함께 심어 두셨다는 뜻으로 이해해도 무방해요. 그러니 여러분의 중심에 하나님만 계신다면 세상 속 모래에서도 하나님의 말씀을 떠올릴 수 있어요. 기독교는 결코 산속의 빈집이나 홀로 떨어진 무인도와 같은 종교가 아니에요. 따라서 건강한 크리스천이라면 교회 안에서만 모여 있지 않고, 교회 밖의 세상을 경험하며 그 속에서 하나님을 발견하고 전해야 해요. 부디 이 세상에서 여러분 앞에 놓여 있는 것들에 대해 이분법적인 잣대만으로 판단하거나 구별하려고 애쓰지 마세요. 너무도 불필요한 에너지 소모예요. 맹목적으로 순결한 크리스천보다 비둘기같이 순결하고 뱀처럼 지혜로운 크리스천이 되길 바랄게요.

십일조 이렇게 하고 있다면 잠시 멈추세요

 "십일조를 왜 해야 하나요?"라고 묻는다면 예수님이 이 땅에서 하셨던 공생애 사역을 그대로 행하는데 귀한 밑거름이 되기 때문이라고 답하고 싶어요. 왜 예수님이 하셨던 일을 우리가 따라 해야 하느냐고 묻는다면 "예수님은 교회의 머리가 되시는 분이시며, 교회는 예수님의 몸"이라고 말씀하고 있는 에베소서 5장 23절과 "너희 중에 분깃이나 기업이 없는 레위인과 네 성 중에 거류하는 객과 및 고아와 과부들이 와서 먹고 배부르게 하라"라는 신명기 14장 29절 말씀을 답으로 제시해 볼 수 있을 것 같아요.

 그런데 이 모든 일을 할 때, 단순히 '열정페이'만 가지고서는 할 수가 없어요. 하나님을 사랑하는 사람들이 합력하여 선을 이루어야만, 다시 말해서 열정과 함께 물질적 동역이 함께 이루어져야만 가능한 일이라는 거예요. 그래서 십일조가 필요한 거죠. 하지만 그렇다고 해서 모든 십일조가 다 옳다고 할 수는 없어요. "만군의 여호와가 이르노라. 너희의 온전한 십일조를 창고에 들여, 내 집에 양식이 있게 하고 그것으로 나를 시험하여 내가 하늘 문을 열고 너희에게 복을 쌓을 곳이 없도록 붓지 아니하나 보라." 대한민국의 교회들이 십일조에 대한 명분으로 삼고 있는 말라기 3장 10절 말씀이에요.

슬픈 현실은 십일조를 흡사 도깨비방망이처럼 불순하게 사용하는 교회들과 사람들이 여전히 많다는 사실이에요. 창피스러운 일이지만, 그 중심에 저와 같은 목사의 그릇된 설교가 가장 큰 문제로 자리 잡고 있다고 생각해요. "십일조를 하지 않으면 하나님이 그만큼 거둬 가실 것입니다. 그러니 십일조 내는 것을 꺼리지 마십시오!"라는 식의 불안감을 조성하는 설교를 한다거나, 아니면 "십일조를 하면 하나님이 여러분의 재산을 더 갑절로 부어 주실 것입니다!"라며 한탕주의를 부추기는 설교가 대표적인 예라고 할 수 있죠.

십일조의 가장 중요한 핵심은 "하나님의 일에 동참하고 싶어! 내가 번 돈으로 이웃을 돕고 다른 크리스천들과 합력하여 선을 이뤄 볼래!"라는 마음에서 비롯된 행위여야 한다는 거예요. 그때야 비로소 십일조가 이 땅에 하나님 나라를 꽃피우는 데 한 알의 밀알이 될 수 있는 거예요. 그러니 지금까지 말라기의 잘못된 해석에 휘둘렸다면 지금부터라도 중심을 잡으셔서 여러분의 십일조가 과부의 두 렙돈과 같이 인정받는 귀한 물질이 되기를 진심으로 기도해요.

많이 달리는 사람이 더 많이 다치는 것처럼
하나님 일을 많이 하려고 하는 사람일수록
실수도 많이 하는 법이에요.

그럴 때마다 좌절도 되고
나 자신에게 실망할 수도 있겠죠.
하지만 중요한 건 다시 돌아오는 거예요.

믿음 없는 내 모습이 힘겨울 때

신앙생활을 하다 보면 때때로 '내 믿음은 왜 맨날 이 정도밖에 안 될까?' 라는 생각이 들면서, 자괴감이 한 번씩 찾아올 때가 있을 거예요. 혹은 교회 봉사나 사역 가운데 실수가 잦아지는 내 모습을 보면서 '하나님의 일을 내 생각으로만 하려고 해서 그런가?'라는 생각이 들면서 그런 내 모습에 실망하고 지칠 때도 있을 거고요. 그런 상황을 만나게 될 때 읽어 주세요. 분명 위로가 될 거예요.

갈라디아서 2장 11절 말씀을 보면, 베드로가 이방인 그리스도인들과 함께 식사하던 중 유대인 그리스도인들을 보고 황급히 그 자리를 피하는 장면이 나와요. 성경에는 이런 모습을 "베드로가 할례자들을 두려워하여" 라고 묘사하고 있어요. 정당한 일을 하고 있었음에도 불구하고, 당시 이방인 그리스도인과 겸상이 금지되어 있다는 것에 눈치가 보여서 도망을 간 거죠. 이런 베드로의 모습을 보고서 바울 사도는 "당신 때문에 바나바까지도 가식적인 행동에 물들었잖소!"라고 책망을 해요.

여러분, 생각해 보세요. 이 책망의 말을 듣고 베드로가 얼마나 자존심이 상했겠어요. 믿음 없어 보이는 행동을 한 자기 모습에 실망도 했겠죠. 당시 베드로 또한 대 사도로서 바울 못지않게 하나님의 일을 하던 큰 사람이었으니까요. 하지만 베드로가 좌절 때문에 사역을 포기했을까요? 아니요. 베드로는 십자가에 거꾸로 달리는 순교를 선택할 만큼 자기 사역에 최선을 다했어요. 이런 베드로의 인생을 볼 때, 우리는 베드로가 한순간의 실수에 좌절하지 않았음을 유추해 볼 수 있어요. 아마도 '그래! 내가 인간적인 방법에 휘둘렸구나. 나를 다시 돌아보고 사역에 집중해 보자'라고 마음을 다잡았겠죠. 그러지 않고서야 어떻게 순교라는 결단을 할 수가 있었겠어요.

천하의 베드로도 이같이 인간적인 실수를 할 때가 있는데, 하물며 우리는 어떻겠어요. 여러분이 교회 봉사나 사역을 하면서 실수하고 좌절하는 건 너무나도 당연해요. 이건 합리화를 하자는 의도가 아니에요. 인간은 모두 불완전한 존재, 여전히 미생으로서 살아갈 수밖에 없다는 이야기예요. 많이 달리는 사람이 더 많이 다치는 것처럼 하나님 일을 많이 하려고 하는 사람일수록 실수도 많이 하는 법이에요. 그럴 때마다 좌절도 되고 나 자신에게 실망할 수도 있겠죠. 하지만 중요한 건 다시 돌아오는 거예요. 여러분의 삶은 고린도전서 10장 31절 말씀처럼 무엇을 먹고 마시든지 무엇을 하든지 하나님의 영광을 위해 하고자 결심한 삶이니까요. "선을 행하고 전혀 죄를 범하지 아니하는 의인은 세상에 없다"라는 전도서 7장 20절 말씀을 거울삼아, 믿음이 약해지려고 할 때 합리화가 아닌 위안을 삼아 최선을 다해 사역해 나가기를 기도할게요.

크리스천이 술 담배를 해도 될까?

마태복음 15장 16-18절에서 예수님은 입으로 들어가는 것보다 입에서 나오는 것들이 사람을 더럽게 한다고 말씀하셨어요. 입으로 들어가는 것들은 배로 들어가서 뒤로 내버려지지만, 입에서 나오는 것들은 마음에서 나오기 때문이라는 것이 그 이유였죠. 입으로 들어가는 것이 뭔지는 특별한 설명이 없어도 알 수가 있을 것 같아요. 예수님도 똑같은 생각을 하셨는지 19절을 통해 입에서 나오는 것이 구체적으로 무엇인지에 대해서만 자세하게 언급을 해 주셨어요. "마음에서 나오는 것은 악한 생각과 살인과 간음과 음란과 도둑질과 거짓 증언과 비방이다." 그리고 20절에서도 씻지 않은 손으로 먹는 것이 사람을 더럽게 하는 것이 아니라 입을 통해 마음에서 나오는 것들이 사람을 더럽게 한다고 재차 말씀하셨죠.

술과 담배. 현재까지 대한민국 거의 모든 교회에서 절대로 가까이해서는 안 되는 것으로 규정짓고 있는 것들이죠. 그런데 아무리 생각해 봐도 예수님이 하신 말씀대로라고 한다면 고작해야 그 수위가 씻지 않고 음식을 먹는 정도밖에 되지 않는 것 같아요. 그런데도 술과 담배가 크리스천에게 있어서 '죄'일까요? 제 생각이 절대적 기준은 될 수 없겠지만 이제는 술, 담배를 하고 안 하고가 그리스도인을 판가름하는 기준이 될 수는 없다고 생각해요. 굳이 논의해야 한다면, 술과 담배는 건강의 문제이자 민폐의 문제이죠. 자신의 건강을 위해서 끊거나 절제를 해야만 하는 것이고, 타인의 삶에 불편을 주거나 피해가 가지 않도록 조심을 해야 하는 문제라는 거예요. 물론 크리스천이라면 이런 측면도 당연히 생각해 봐야겠죠.

여러분이 크리스천으로서 이미 주위 사람에게 영향력 있는 존재이거나, 앞으로 영향을 끼치고 싶은 사람이 되고자 한다면, "모든 것이 가하나 모든 것이 유익한 것은 아니요. 모든 것이 가하나 모든 것이 덕을 세우는 것은 아니니 누구든지 자기의 유익을 구하지 말고 남의 유익을 구하라"라는 고린도전서 10장 23-24절 말씀을 삶과 신앙의 좌표로 삼아야 할 필요성은 있어요. 모든 것이 가능하지만 모든 것이 덕을 세우는 것이 아니다. 네유익을 먼저 생각하지 말고 남의 유익을 먼저 생각하라. 즉, 내 행동으로 인해서 믿지 않는 사람이나 믿음이 약한 사람에게 유익을 줄 수 없다면 가능한 것이라고 할지라도 조금은 자제해야 한다는 의미예요. 예수님의 자녀로서 세상의 소금이 되고 빛이 되는 삶은 그에 상응하는 책임이 뒤따르기 마련이니까요. 여러분의 삶이 믿음이 약한 사람들을 걸려 넘어지게 하는 삶이 아니라, 유익이 되는 아름다운 삶으로 쓰임받길 바라요.

하나님과의 첫 만남을 기억해야 하는 이유

사랑은 우리 삶에서 중요한 감정 중의 하나죠. 그중에서도 첫사랑은 매우 특별하게 기억되곤 해요. 왜냐하면 첫사랑은 우리가 처음 느끼고, 처음 경험하고, 처음으로 마음을 열었을 때 다가왔던 따뜻한 감정들로 가득 차 있기 때문이에요. 그리고 무엇보다도 첫사랑은 순수 그 자체이기 때문에 더욱 특별한 것 같아요. 그런데 인생에만 첫사랑이 있는 건 아니에요. 우리의 신앙에도 첫사랑이 있어요. 하나님과의 첫 만남, 내 신앙의 시작, 그때 경험했던 벅찬 감동과 감격이 바로 우리의 첫사랑이에요. 하지만 아쉽게도 첫사랑의 효력이 계속되지는 않아요. 이런 이유, 저런 이유로 인해서 아련한 추억으로 밀려나게 되고, 결국에는 흔적도 없이 사라질 때가 많아요.

여러분의 첫사랑은 어떤 상태인가요? 지금도 여전히 그때의 벅찬 감동과 감격을 기억하고 계시나요? 아니면 빛바랜 청사진처럼 희미해진 과거사인가요. "예수님을 처음 만났을 때 마음이 어땠어?"라는 질문에 머뭇거림이 길어지고 있다면, 다시 한번 여러분의 신앙을 되돌아보고 점검해 볼 필요가 있을 것 같다는 생각이 드네요. 전도서 12장 1절에서는 이렇게 말씀하고 있어요. "너는 청년의 때에 너의 창조주를 기억하라. 곧 곤고한 날이 이르기 전에, 나는 아무 낙이 없다고 할 해들이 가깝기 전에 해와 빛과 달과 별들이 어둡기 전에, 비 뒤에 구름이 다시 일어나기 전에 그리하라." 전도서 기자의 이러한 조언은 청년의 때는 인생을 통틀어 가장 좋은 시절이지만, 이때 창조주와의 바른 관계가 맺어지지 않는다면 더 나이가 들어 인생 풍파에 시달리는 '곤고한 날'을 만나게 될 때 '예수 좀 안 믿어도 되지 않을까?'라는 생각을 너무도 쉽게 하게 된다는 거예요. 그러니 창조주를 기억하는 것이 청년의 때에 즐거움의 필수조건임을 잊지 말라는 것이죠.

그렇다면 창조주를 기억한다는 말은 어떤 의미일까요? 처음 예수를 나의 구주로 영접했을 때, 즉 시련과 역경에도 불구하고 "여호와는 나의 목자시니"라는 고백을 붙들고 나아갔을 때를 다시 기억해 내는 것을 의미해요. 크고 작은 성공을 이뤘음에도 불구하고 겸손하게 하나님께 영광을 돌렸을 때를 회복하며 살아가는 것. 바로 첫사랑의 회복이에요.

그런데 여러분과 하나님과의 첫 만남이 과거에만 머무는 것이 아니라 현재와 미래까지 이어져야 하는 또 다른 이유가 있어요. 다른 청년들에게 여러분의 이야기를 들려주었을 때 여러분들의 첫 만남이 신앙이 없는 청년들의 마음을 움직여 예수님을 영접하는 첫 만남으로 이어질 수 있게 하는 매개체가 될 수 있기 때문이에요. 이 글을 계기로 여러분과 하나님과의 첫 만남의 감정을 꼭 회복할 수 있기를 바라며 기도합니다.

크리스천이라면
무조건 'Yes'라고 해야만 하나요?

결론부터 말씀드리자면, "아니요. 절대 그렇게 살아갈 필요가 없어요. 아니, 그렇게 살아서는 안 돼요"라고 말씀드리고 싶어요. 목사인 저도 공적인 일에 있어서나 혹은 사적인 일에 있어서 목사라는 이유만으로 무조건 'Yes'만 하면서 살고 있지는 않아요. 더하여 목사로서 먼저 배려하고 양보하고자 하는 저의 선한 의도를 악용하려는 사람들에게는 단호하게 대처하기도 하면서 살고 있어요. 일반적으로 '크리스천' 하면 가장 먼저 떠오르는 단어가 '착함', '선행', '봉사', '희생'이라는 단어들일 거예요. 나보다 남을 먼저 챙기고 배려하는 이타적인 모습을 떠올리기 때문에 그래요. "너는 교회에 다니니까 무조건 봉사해야지", "크리스천이 그 정도 희생도 못 하고, 양보도 못 해?" 상대가 크리스천이라는 이유만으로 이렇게 무리한 요청을 당연하듯 하는 사람들이 있어요. 이럴 때 우리가 나를 위하지 않고, 나만의 기준을 가지고 있지 않다면, 우리는 이러한 타인의 막무가내 요청에 휘둘릴 수밖에 없어요. 그리고 그런 상황이 반복되고 누적되다 보면 신앙생활의 의미가 없어지고 억울해지면서, 결국 신앙으로부터 멀어지게 되고 말아요. 여러분 건강한 크리스천은 타인만을 위하는 사람이 아니에요. 나와 타인을 함께 위하는 사람이죠.

 "사람이 만일 온 천하를 얻고도 제 목숨을 잃으면 무엇이 유익하겠는가? 사람이 무엇을 주고 제 목숨과 바꾸겠는가?"라고 마태복음 16장 26절에서도 말씀하고 있듯, 세상에서 내가 가장 소중한 존재임은 누구도 부인할 수가 없어요. 크리스천으로서 타인을 위해 무언가를 하고자 한다면, 타인이 무언가를 요청한다면 먼저 내 머리로 이해하고 그다음에 가슴으로 베푸는 신앙에서 출발하라고 말씀드리고 싶어요. 그래야만 나와 타인 모두에게 의미가 있는 일이 될 수가 있기 때문이에요. 그러기 위해서는 '내 신앙을 지킬 수 있는 나만의 기준이 있는가? 나를 잃은 채 의미 없는 봉사를 하고 있지는 않은가?'라는 최소한 나를 지키기 위한 질문을 스스로에게 끊임없이 해 봐야 해요.

 가장 중요한 것은 내가 감당할 수 있는 범위 내에서 희생하고 배려하고 양보해 주라는 거예요. 또한 '아무나'에게 하라는 것이 아니에요. 내 선한 의도를 존중해 주는 사람이 아니라 오히려 내 선한 의도를 악용하여 자신의 탐욕을 채우고자 하는 사람이라고 한다면, 단호하게 대처해도 전혀 상관이 없다는 걸 말씀드리고 싶어요. 물론 단호하게 대처하는 방법에 있어서는 소위 말해서 믿지 않는 사람들보다는 수준이 높아야겠죠. 그러나 절대로 호구(이용하기 좋은 사람)로 살아서는 안 돼요. 항상 이 점을 생각하면서 나의 신앙을 지키며 타인을 위해 선을 베푸는 여러분이 되기를 기도할게요.

하나님의 일이란 무엇인가?

금식 기도, 봉사 활동, 단기 선교, 노방 전도, 오지 선교. 보통 '하나님의 일'이라고 하면, 이렇게 주로 교회에서 하는 다소 어렵고 숭고한 희생적인 활동들을 떠올리곤 해요. 하지만 하나님의 일은 우리가 발을 딛고 살아가는 이 땅과 상관없는 특별한 일이 아니에요. 크리스천들이 하는 실수 가운데 하나가 '하나님의 일 = 교회 일'이라는 공식에만 붙들려, 하나님의 일을 하기 위해서는 모든 일을 포기해야 한다고 생각할 때가 많다는 거예요. 그러나 고린도전서 7장 24절에서는 다르게 말씀하고 있어요. "형제들아, 너희는 각각 부르심을 받은 그대로 하나님과 함께 거하라." 이 말씀을 새번역 성경에서는 "형제자매 여러분, 각각 부르심을 받은 그때의 처지에 그대로 있으면서 하나님과 함께 살아가십시오"라고 말씀하고 있고, 현대인의 성경에서는 "형제 여러분, 여러분은 부르심을 받은 그대로 하나님과 함께 살아가십시오"라고 말씀하고 있어요.

즉, 부르심을 받은 각자의 삶의 자리에서 하나님의 일을 얼마든지 할 수 있다는 말이에요. 여러분이 만약 회사원이라면 주어진 업무에 성실하게 입하는 것이 곧 하나님의 일을 하는 것이고, 선생님이라면 가르치는 일을 통해 하나님의 영광을 드러낼 수가 있는 거예요. 디자이너라면 디자인 일에 최선을 다하는 것으로, 학생이라면 학업에 열중하는 것으로 하나님의 일을 하는 거죠. 지금 현재 우리가 살아 내고 있는 삶, 각자의 위치와 역할에 맞게 하는 노력, 그 모든 것이 바로 '하나님의 일'이에요. 하지만 그럼에도 불구하고 여전히 하나님의 일은 특별하고 성스러운 일이라는 중압감에서 벗어나지 못하는 사람들이 있다고 한다면, 예수님께서 하신 이 말씀을 통해 마음의 무거운 짐을 벗어 버렸으면 해요.

요한복음 6장 28절에서, 사람들이 예수님께 이렇게 물어요 "우리가 어떻게 해야 하나님의 일을 할 수 있습니까?" 그런데 29절에서 예수님의 대답은 너무도 의외였어요. "하나님께서 보내신 이를 믿는 것이 하나님의 일이니라." 어때요. 묵었던 체증이 싹 내려가는 것 같지 않나요? 지금부터 여러분이 하실 일은 너무도 명확해졌어요. "하늘에서 이루어진 주님의 뜻이 이 땅에서 살아가는 내 삶 속에도 이루어지기를 원하나이다"라는 고백과 더불어 내가 할 수 있는 하나님의 일을 찾아보는 거예요. 작고 소소한 일이라도 상관없어요. 그 일을 통해 하나님은 여러분의 중심을 보실 것이기 때문이에요. 머리털까지도 다 세시는 주님의 불꽃 같은 눈이 여러분의 수고가 하나도 땅에 떨어지지 않도록 지켜보실 거예요. 그러니 작은 소자에게 물 한 그릇 주는 일도 하나님의 일임을 믿고 최선을 다하는 삶을 살아가시기를 바라요.

030

아무리 전도해도
친구가 교회에 오지 않을 때

자, 지금부터 여러분의 친구가 자기 지인을 여러분에게 소개하는 상황을 상상해 보세요. "얘 진짜 사람 좋아!", "아, 진짜 좋은 앤데, 말로 설명하기 힘드네", "아, 됐고! 그냥 일단 한번 만나 봐!" 어떠세요? 내 시간과 노력을 들여서까지 만나고 싶으신가요? 아니면 내가 왜 만나야 하는지 뭐가 좋은지 전혀 이해되지 않아서 마음이 썩 동하지 않나요? 저라면 후자일 것 같아요. 그런데 이 모습, 어디선가 많이 본 상당히 익숙한 상황이라는 생각이 들지 않나요? 어쩐지 친구에게 예수가 그리스도이심을 소개하는 우리의 모습과 닮은 것 같다는 생각이 들기도 해요. 우리는 성경을 읽고 성경을 통해서 자신을 돌아보고 자신의 삶을 믿음의 언어로 말하는 데는 상당히 익숙해져 있어요. 크리스천이기에 당연하다고 할 수 있겠죠.

하지만 그에 반해 그렇게 형성된 자신의 믿음과 하나님에 대한 지식을 가지고 그 언어를 쓰지 않는 세상을 향해 번역(통역)할 수 있는 능력을 제대로 기르지 못한 모습을 보일 때가 종종 있어요. 믿음의 언어가 아니라 세상의 언어로 자신이 믿고 있는 바를 이야기하는 훈련을 받지 못했다는 거죠. 성경을 통해 형성된 신앙과 지식이 참된 것이라면, 우리는 그것을 세상의 언어로 번역해서 설득시킬 수 있는 능력을 반드시 길러야 해요. 고린도전서 14장 2-3절에 이런 말씀이 있어요. "방언을 말하는 자는 사람에게 하지 아니하고 하나님께 하나니 이를 알아듣는 자가 없고, 예언하는 자는 사람에게 말하며, 덕을 세우며, 권면하며 위로하는 것이요." 친구에게 하나님을 전하는 게 어려웠다면 혹시 내 말이 알아듣기 힘든 방언은 아니었을까 생각해 봐야 해요.

방언과 예언은 달라요. 방언은 알아듣는 자가 없는 말이지만, 예언은 하나님의 뜻을 이해하기 쉽게 전하는 말이거든요. 그래서 고린도전서 14장 19절에서는 이렇게도 말씀하고 있어요. "깨달은 마음으로 다섯 마디 말을 하는 것이 일만 마디 방언으로 말하는 것보다 나으니라." 기독교 공동체 안에서 사용되는 단어는 세상 사람들에게 방언에 가까울 때가 많아요. 우리는 백 마디 번지르르한 방언보다 한마디의 와 닿는 예언으로 하나님을 전할 수 있어야 해요. 교회라는 한정된 공간 안에서만 사용되고 이해되는 믿음의 언어가 아니라 누가 들어도 이해할 수 있고, 공감할 수 있는 세상의 언어로 하나님의 참되심과 사랑을 전할 수 있어야 한다는 거예요. 그래야만 친구의 마음에 하나님을 심어 줄 수 있어요. 그러니 이제부터라도 세상 친구의 마음에 와닿는 예언, 즉 세상의 언어로 하나님을 전하기 위해 고민하며 노력해 보라고 권하고 싶네요.

하나님과 더 깊은 교제를 하고 싶을 때

젖을 먹는 아이가 단단한 음식을 먹기 위해 엄마의 젖을 뗄 때 어떤 감정을 느낄까요? 그때 아이가 느끼는 감정은 극심한 공포라고 하네요. 흡사 생명의 위협을 느낄 만큼의 공포라고 해요. 하지만 엄마는 그런 공포를 느끼는 아이에게서 매몰차게 젖을 떼죠. 이유가 뭘까요? 성장하기 위해서는 반드시 거쳐야만 하는 과정이기 때문이에요.

"단단한 음식은 장성한 자의 것이니, 그들은 지각을 사용함으로 연단을 받아 선악을 분별하는 자들이니라." 히브리서 5장 14절 말씀이에요. 여기서 말하는 '지각'이란, 사물의 이치나 도리를 분별하는 능력을 말해요. 다르게 표현한다면, 알아서 성찰한 후 스스로 깨닫는 능력이라는 뜻도 가지고 있죠. 그런데 히브리서 저자는 이 지각이라는 것을 사용함으로 연단을 받는다고 말하고 있어요. '연단', 그냥 들어도 꽃길을 걷는 편안함이라고는 1%도 느껴지지 않는 단어죠. 왜냐하면 연단은 '시험'이라는 의미를 담고 있기 때문이에요. 그만큼 연단이라는 것은 힘들고 어렵고 버거움을 의미하는 단어죠. 하지만 이 연단의 과정을 잘 이겨 낸 사람은 선악을 분별하는 기준을 얻게 된다고, 히브리서 저자는 말하고 있어요.

창세기 3장 22절에서는 하나님께서 아담과 하와를 추방하실 수밖에 없었던 이유에 대해서 이렇게 말씀하고 있어요. "여호와 하나님이 이르시되, 보라 이 사람이 선악을 아는 일에 우리 중 하나같이 되었으니, 그가 그의 손을 들어 생명 나무 열매도 따 먹고 영생할까 하노라 하시고." 하나님이 아담과 하와를 에덴동산에서 쫓아내실 수밖에 없었던 이유가 '선악을 구별할 수 있게 되어서'라는 거예요. 그런데 그 이유가 과연 이것 하나뿐이었을까요? 히브리서 저자의 관점으로 보자면, 연단의 과정이 없었기 때문이라고도 할 수 있어요.

하나님과 더 깊이 교제하고 하나님의 말씀을 더 잘 이해하기 위해서는, 스스로 깨닫고 스스로를 다지는 연단의 훈련이 필요해요. 하지만 아담과 하와는 선악을 구별하는 과정에서 어떠했나요? 뱀의 꾐에 쉽게 넘어갔기에 아무런 연단의 훈련이 없었어요. 만약 이 둘이 선악을 분별하는 능력을 소유한 체, 계속해서 에덴동산에 남아 있었다면 어땠을까요? 분명 하나님의 걱정처럼(창 4:22), 결국 생명나무까지도 따 먹는 죄를 저질렀을 거예요. 연단 없는 하나님의 말씀은 축복이 아니라 스스로를 해치는 흉기였을 테니까요. 하나님은 우리 인생에 더욱 깊게 개입하고 싶어 하세요. 하지만 우리가 듣기에 둔하고 장성한 자가 아니라면 불가능하죠. 하나님과 깊이 교제하고 싶으신가요? 그렇다면 연단을 두려워하지 마세요. 하나님과 깊은 교제를 가질 수 있는 통로니까요.

공동체 안에서조차
세상의 기준으로 상처받을 때

　교회 공동체에서조차 세상의 기준으로 상처를 받았다면, 상처에는 두 가지 이유가 있을 수 있다고 봐요. 첫 번째, 공동체에서 형성된 서열화에 내가 속하지 못하고 있다고 생각하기 때문이에요. 그 세계에 속하고 싶은데 나를 인정해 주지 않는다는 이유로 상처를 받고 있다는 거죠. 두 번째, 교회 공동체의 세속적인 서열화가 잘못되었다고 생각하기 때문이에요. 이럴 때 선의의 분을 품으며 왜곡된 가치관에 정면으로 대응해 보지만, 도저히 개선의 여지가 보이지 않는 암담함을 느낄 때, 우리는 상처를 받게 돼요. 냉철하게, 그리고 객관적으로 자문해 볼 때 현재 여러분은 어떤 이유로 상처를 받고 있나요? 전자의 상황 때문인가요? 아니면 후자의 상황 때문인가요?

　부디 후자의 이유 때문에 상처 받았기를 바라요. 그래야만 그 상처를 타산지석 삼고 반면교사 삼을 수 있기 때문이에요. 인정하고 싶지는 않지만, 이미 대한민국의 많은 교회 공동체들이 추구하는 가치관에서 예수님의

영감톡

삶과 신앙을 찾아보기가 어렵게 되었어요. 그래서 여러분이 선택할 수 있는 길은 두 가지예요. 대세라는 이유에 굴복하여 그 흐름에 자연스럽게 몸과 정신을 맡길 것인가? 아니면 힘들고 어렵지만 거센 물살을 거슬러 올라가는 한 마리의 연어가 될 것인가? 만약 여러분이 후자의 길을 선택하신다면 "그러나 내가 이스라엘 가운데에 칠천 명을 남기리니, 다 바알에게 무릎 꿇지 아니하고, 다 바알에게 입 맞추지 아니한 자니라"라는 열왕기상 19장 18절의 말씀을 푯대로 삼으라고 말씀드리고 싶어요.

왜냐하면 당신은 현재 그 칠천 명 중에 소중한 한 사람이기 때문이에요. 상처만 받지 마세요. 그 상처를 타산지석 삼고 반면교사 삼으면 좋겠어요. 모두가 선호하는 넓은 길의 유혹을 뿌리치고 좁디좁은 문으로 자발적으로 들어가고자 하는 여러분의 결단에 어찌 생채기가 없겠어요. 피 끓는 청춘인데 "솔직히 ○○가 제일 스펙 좋지 않니?", "○○가 이번에 대기업에 합격했대!", "A가 B보다 학벌 좋잖아!"라는 세상의 기준에 어찌 마음이 흔들리지 않겠어요. 하지만 그 개념 있는 생채기가 십자가에 달리신 예수님의 못 자국과 창 자국의 무게와 아픔을 천만분의 일이라도 이해하기 위한 결단임을 가슴 깊이 새기며, 퇴색되지 말고, 꿋꿋하게 예수님의 삶을 따라 살아가기를 바랍니다. 예수님의 십자가 무게를 삶으로 이해하고자 애쓰며 나아가는 여러분의 어려운 결단에 응원을 보냅니다.

하나님의 일을 하면서
갈등이나 충돌을 피할 수 없다면

적어도 그 안에 교만과 거만한 마음만은
싹트지 않게 노력하세요.

신앙 공동체의 친구와 싸웠을 때

"하나님의 일을 하면서 갈등할 일이 있나?", "청년부에서 싸울 일이 뭐가 있을까?" 교회라는 신앙 공동체 안에서 행해지는 일들은 개인의 사사로운 유익이나 이익을 위한 것들이 아니기에 이런 생각은 당연지사예요. 한번 생각해 보세요. 수련회, 찬양 대회, 문화제 행사와 같은 일들이 개인의 이익을 위해서 하는 일인가요? 아니죠. 또한 세상의 기준처럼 이해관계를 목적으로 행해지는 일들도 아니에요. 오직 하나님을 전하고 그 안에서 교제하며 인격적인 사랑을 나누는 게 궁극적인 목표예요.

하지만 '교회'라는 신앙 공동체는 살아온 방식이 제각각인 사람들이 모여 만들어진 하나의 그룹이에요. 이 안에서 하나님이 "너는 이렇게 하고, 너는 저렇게 하면 된다"라고 말씀해 주시면 너무도 좋겠지만, 실제 그렇지 않죠. 하나님의 일은 모인 사람들의 생각과 의견으로 진행되어 가요. 그렇다 보니 비록 하나님의 일을 한다고 모였지만 여느 집단들과 마찬가지로 크고 작은 갈등이 일어날 가능성이 있는 게 사실이에요. 갈등의 도화선 또한 크게 다르지 않아요. 자기 관점에서만 생각하고, 말하고, 행동하려다 보니 상대방의 의견을 전혀 귀담아듣지 않기 때문이죠. "네 말도 알겠는데~ 일단 내 말을 좀 들어 봐!" 이런 식으로 도무지 타협점을 허락하지 않아요. 그러다 결국은 얼굴을 붉히는 상황으로 치닫게 되는 거죠. 그에 반해 전도서 4장 9절은 교회라는 신앙 공동체에서 어떻게 일을 해야 하는지 명확하게 가르쳐 주고 있어요. "두 사람이 한 사람보다 나음은 그들이 수고함으로 좋은 상을 얻을 것임이라." 그리고 "한 사람이면 패하겠거니와 두 사람이면 맞설 수 있나니, 세 겹줄은 쉽게 끊어지지 아니하리라"라는 전도서 4장 12절 말씀도 힘을 보태고 있어요. 그런데 목사인 제 생각에도, 하늘 아래 사람이 하는 일이기에 교회라는 신앙 공동체 안에서도 갈등과 대립은 피할 수 없다고 생각해요. 솔직히 목사인 저도 다른 교역자들과 의견 대립으로 충돌하고 갈등을 겪었던 경험이 있거든요. 하지만 그때마다 "교만에서는 다툼만 일어날 뿐이라. 권면을 듣는 자는 지혜가 있느니라"라는 잠언 13장 10절 말씀을 나를 비춰 보는 거울로 삼았어요. '지금 내 주장의 씨앗이 교만인가?'

교만으로 둘러싸인 지나친 자기주장은 결국 자신을 먼저 궁지에 빠뜨리고 공동체에도 불이익을 주게 돼요. 하나님의 일을 하면서 친구와의 갈등이나 충돌은 얼마든지 있을 수 있어요. 다만 그 갈등과 충돌의 동력이 무엇인지가 중요해요. 교만은 패망의 선봉이고, 거만한 마음은 넘어짐의 앞잡이라고 잠언 16장 8절은 말씀하고 있듯이, 하나님의 일을 하면서 갈등이나 충돌을 피할 수 없다면 적어도 그 안에 교만과 거만한 마음만은 싹트지 않게 노력하세요. 권면을 달게 듣는 '지혜자'가 되는 첫걸음이니까요.

혼자 신앙생활을 하는 사람들을 위한 조언

저는 개인적으로 아무리 목사라고 할지라도 직접 경험해 보지 못한 것에 대해서는 섣불리 말해서는 안 된다고 생각해요. 그래서 홀로 외롭고 쓸쓸히 신앙의 여정을 걷고 있는 여러분의 심정이 어떠한지 감히 단정 지어 말할 수가 없어요. 목사가 된 후에는 말할 것도 없거니와 목사가 되기 이전에도 제 신앙은 언제나 가족들과 함께했기 때문이죠. 하지만 목사로서 조금이라도 헤아려 보기 위해 여러분의 마음을 조심스레 가늠해 보자면, 시편 42편 3절 말씀과 같은 심정이지 않을까 하는 생각이 드네요. "사람들이 종일 내게 하는 말이 네 하나님이 어디 있느뇨 하오니, 내 눈물이 주야로 내 음식이 되었도다."

혼자라는 이유만으로 여러분 안에 함께 계시는 하나님께서 홀대를 당하시고, 때로는 존재하지 않는 분처럼 부정을 당하기도 하시지만, "하나님, 제 심정 아시지요?"라는 말 외에는 달리 할 수 있는 말이 없는 상황이 아닐까 싶어요. 그런데 여러분, 혼자라서 외롭고 쓸쓸한 것도 있지만, 혼자라서 좋은 상황이 있기도 해요. 혼자 신앙생활 하는 게 꼭 단점만 있지는 않다는 걸 알았으면 좋겠어요. 마가복음 1장 35절에서는 예수님께서 공생애 사역을 하시면서 하나님으로부터 힘을 공급받는 방법에 대해 이렇게 말씀하고 있어요. "새벽 아직도 밝기 전에 예수께서 일어나 나가, 한적한 곳으로 가사 거기서 기도하시더니." 이 말씀은 새벽 예배나 새벽 기도를 하라는 뜻이 아니에요. 정적과 고요만이 유일한 친구일 때, 그때가 하나님과 더 깊은 대화를 나눌 수 있는 시간이라는 것을 예수님이 친히 보여 주신 말씀이에요. 그러니까 오로지 하나님만이 내 편인 신앙생활이 너무 고독하고 외롭더라도, 그때가 내 신앙을 더 깊게 성찰해 볼 수 있는 적기일지도 몰라요. 그러니 그 시간을 예수님처럼 하나님의 에너지를 공급받는 황금 기회로 삼아 보았으면 해요.

여러분의 '홀로 신앙'은 분명 복음의 씨앗으로서 무한 가능성을 가지게 될 거예요. 여러분의 가족과 친구를 인도하는 밀알이 될 수 있도록 반드시 성령님의 동행하심이 있을 거예요. "우리가 선을 행하되 낙심하지 말지니 포기하지 아니하면 때가 이르매 거두리라"라는 갈라디아서 6장 10절 말씀이 여러분의 영혼에 위로의 길라잡이가 되어 주실 거라 믿어요. 그러니 "내 영혼아 네가 어찌하여 낙심하며 어찌하여 내 속에서 불안해하는가? 너는 하나님께 소망을 두라. 그가 나타나 도우심으로 말미암아 내가 여전히 찬송하리로다"라는 시편 42편 5절 말씀을 길동무 삼아 지금처럼 용기 있게 나아가세요. 여러분은 혼자이지만 실제 혼자가 아니에요. 하나님이 여러분 곁에 계시니까요.

보기 싫은 공동체 구성원을 대하는 방법

마태복음 11장 28절에서 예수님은 이렇게 말씀하셨어요. "수고하고 무거운 짐 진 자들아 다 내게로 오라. 내가 너희를 쉬게 하리라." 그래서인지는 몰라도 교회라는 신앙 공동체는 대부분 자신이 지고 있는 짐을 내려놓으려고 온 사람들로 문전성시(門前成市)를 이루고 있는 공동체라는 생각이 들어요. 그런데 한 어머니에게서 태어난 쌍둥이조차도 같을 수 없는 존재가 인간이기에 살아온 방식이 제각각인 사람들이 짐을 내려놓은 모습이 천차만별인 것은 너무도 당연하겠죠. 그러다 보니 심심치 않게 예수님의 말씀을 잘못 이해한 사람들이 신앙 공동체 내에 종종 등장하기도 해요. 아주 무례하고, 이기적이며, 예의 없고, 배려심 없는 방법으로 자기 짐을 내려놓는 사람들이죠.

그럴 때 사랑을 으뜸으로 삼아야 하는 신앙 공동체는 흡사 모난 돌처럼, 고삐 풀린 망아지처럼 행동하는 사람들과 갈등을 겪을 수밖에 없게 돼요. "사랑은 모든 것을 눈감아 주어야 하는 것인가? 사랑은 언제나 상대방이 듣기에 좋은 달콤한 말만 하는 것인가?"라는 질문에 마냥 "그렇다"라고 답하고 싶지 않기 때문이에요. 사랑의 회초리라는 말도 있듯이, 때로는 쓴소리를 하는 것도 사랑이라는 생각이 들기 때문이죠. 그런데 이때 반드시 명심해야 할 중요한 것이 하나 있어요. 여러분이 '보기 싫다'라는 마음을 갖게 되었을 때, 그 마음을 갖게 하는 근원이 무엇이냐는 거예요. 만에 하나라도 나와 다름이 보기 싫다는 마음이라고 한다면, 타인의 눈에 있는 티를 비판하기 이전에 내 눈에 있는 들보를 성찰하는 것이 급선무예요. 하지만 누가 보더라도 "저 사람, 기독교인 빌런(villain) 아니야?"라고 말할 수밖에 없는 사람이라고 한다면, 우리는 선으로 악을 이겨야 하지 않을까요?

문제는 어떤 선한 방법으로 악을 이기느냐는 거겠죠. 로마서 12장 20절에서는 이렇게 말씀하고 있어요. "네 원수가 주리거든 먹이고, 목마르거든 마시게 하라. 그리함으로 네가 숯불을 그 머리에 쌓아 놓으리라." 성숙한 어른이 세 살 먹은 아이와 싸워서 이기면 아이보다 더한 사람, 비기면 아이와 똑같은 사람, 지면 아이만도 못한 사람이 된다고 하죠. 신앙 공동체의 빌런은 갓 세 살 먹은 아이와 같아요. 여러분이 성숙한 어른이라고 자처한다면 세상 방식으로는 이길 방법이 없다는 거예요. 너무 억울하죠. 분하기도 하고요. 그러나 "자기 십자가를 지고 나를 따르라"라는 예수님의 말씀에 이 또한 포함되는 것임을 어쩌겠어요. 크리스천 청년으로서 여러분의 궁극적인 목표는 예수님을 닮는 것, 예수님과 일심동체가 되는 것이잖아요. 일흔 번씩 일곱 번 누군가를 용서할 수 있을지, 나 자신을 한번 시험해 보는 것은 어떨까요?

신앙 공동체로서 본질을 회복하는 방법

민수기 13장은 가나안 땅 정탐 사건을 말씀하고 있어요. 25절에 의하면 열두 명의 정탐꾼들은 40일 동안 가나안 땅을 정탐했어요. 그리고 이스라엘 진영으로 돌아와 모세와 아론과 이스라엘 회중 앞에서 자신들이 보고 들은 것에 대해서 브리핑했는데, 갈렙과 여호수아는 "그들은 우리의 먹이입니다"라고 말했어요. 하지만 그 외의 10명은 "우리는 그들에게 메뚜기 같은 존재입니다"라고 말했죠. 똑같은 시간 동안, 똑같은 장소에서, 똑같은 상황을, 똑같이 보고 들었을 터인데, 달라도 너무 다른 브리핑에 이스라엘 백성들은 적지 않은 당혹감으로 휩싸였고 술렁이기 시작했어요. 하지만 그것도 잠시, 얼마 지나지 않아 이스라엘 백성들은 그 술렁임을 원망과 불평의 빌미로 삼았지 뭐예요. 심지어 자신들의 행동에 옷을 찢으며 울분을 터트리는 여호수아와 갈렙에게 돌팔매질까지 하려 했죠.

우리가 잘 알고 있다시피 그 원망과 불평의 대가는 참혹했어요. 당시 20세 이상 되는 사람 가운데 그 원망과 불평에 가담한 사람은 단 한 사람도 가나안 땅에 들어가지 못하게 되었으니까요. 여호수아와 갈렙은 어떠한 최악의 상황에서도 언제나 하나님께서 함께하심을 믿는 마음을 잃지 않았어요. 신앙 공동체의 본질적 정체성을 간직했기 때문에 가나안 땅에 들어갈 수가 있게 되었던 것이죠. 우리는 이 말씀을 통해 신앙 공동체의 본질이란 하나님을 향한 초심과 첫사랑, 즉 어떤 어려움과 난관 가운데서도 하나님께서 함께하신다고 확신하는 믿음임을 알 수 있어요. 요한계시록 2장 4-5절에서 에베소 교회가 책망을 받았던 이유 또한 초심과 첫사랑을 잃어버렸기 때문이에요. 에베소 교회가 본질적 정체성을 회복하기 위해서 할 수 있는 선택은 딱 한 가지밖에 없었어요. "그러므로 어디서 떨어졌는지를 생각하고 회개하여 처음 행위를 가지라"라는 말씀에 순종하는 것이었죠. 우리가 속해 있는 신앙 공동체도 마찬가지예요.

현재 여러분이 속한 신앙 공동체가 본질적 정체성을 잃어 가고 있나요? 열 명의 정탐꾼들의 가치관을 닮아 가고 있나요? 그렇다면 이제 누군가 갈렙과 여호수아가 되어야 할 때예요. 그리고 그 누군가는 여러분이 되어야만 해요. "믿음은 바라는 것들의 실상이요. 보이지 않는 것들의 증거"라는 말씀을 통해 세상을 보고자 하는 여러분들이 유일한 희망의 불씨라는 것이죠. 그러니 용기를 내 보세요. 주님이 계시니까요.

크리스천 청년 '소유욕'에 대한 처세법

"참인생은 풍부하게 소유하는 것이 아니라, 풍요롭게 존재하는 것이다"라는 말이 있어요. 크리스천으로서 지향하고픈 삶의 방식이라는 생각이 들어요. 하지만 생각과는 달리 현실에서는 '더 많은, 더 좋은'이라는 자본주의 가치관에 특화된 우리 삶의 방식이 풍부한 소유가 아닌 풍요로운 존재로 살아가기를 내버려 두지 않죠. "인간은 이슬만 먹고 살아갈 수 없는 존재야. 어떻게 밥만 먹고 살아가겠어?"라고 하면서 풍부한 소유의 정당성을 포기하지 않아요.

그러한 까닭에 현재 우리의 걱정은 '무엇을 먹을까? 무엇을 입을까? 무엇을 마실까?'가 아니에요. 그보다는 '무엇을 더 먹을까? 무엇을 더 마시고, 무엇을 더 먹을까?'인 듯해요. "이는 다 이방인들이 구하는 것이라"라고(마 6:32) 예수님이 말씀하셨지만, 이에 아랑곳하지 않을 때도 있을 거예요. 심지어 어느 때는 팥죽 한 그릇을 소유하고픈 마음에 장자의 명분을 팔아 버린 '에서'처럼 무언가를 구하고 있지 않나 싶어요. '아! 나는 왜 지혜와 키가 자라 가며 하나님과 사람에게 더욱 사랑스러워 가셨다는 예수님을 닮지 못하는 것일까?'(눅 2:52 참조) 하나님 앞에서도 사람 앞에서도 당당하게 살고픈 바람은 되려 이방인보다 더 이방인같이 구하고 있는 모습 때문에 밀려오는 현타로 한없이 움츠러들기만 해요.

하지만 낙심만 하기에는 아직 일러요. 우리 주님께서 우리에게 이렇게 약속해 주셨기 때문이에요. "내 이름으로 무엇이든지 내게 구하면 내가 행하리라"(요 14:14). 물론 하나님 앞에서나 사람 앞에서나 당당한 삶을 살아가기 위해, 주님의 이름으로 무엇을 우선순위로 구할 것인가는 오로지 여러분의 몫이에요. 잠언 30장 8-9절에서 저자는 하나님께 이러한 간구를 해요. "하나님, 나를 가난하게도 마시옵고, 부하게도 마시옵고, 오직 필요한 양식으로 나를 먹이소서. 혹시 내가 배불러서 하나님을 모른다, 여호와가 누구냐 할까 하오며, 가난하여 도둑질하고 하나님의 이름을 욕되게 할까 두렵습니다."

어때요? 잠언 저자의 그 기도가 주님의 이름으로 구하고자 하는 여러분의 우선순위 기도가 될 수 있을까요? 그래서 이 세상을 살아가면서 '소유욕'이라는 그물망에서 벗어날 수 없는 것이 우리의 현실이라고 할지라도, 그에 요동치지 않고 언제나 그의 나라와 그의 의를 먼저 구하라는 말씀에 순종하고자 결단했나요? 그렇다면 여러분은 주님과 일심동체가 될 수 있는 여정을 걸어가고 있는 거예요. 당연히 힘들죠. 그러나 아시죠? 결코 그 여정을 여러분 혼자 걷고 있지 않다는 것을요.

진정한 의미의 공동체: 함께, 더불어, 같이

제가 여러분 나이대일 때 동네 어르신이 이런 말씀을 하셨던 기억이 있어요. "말 못 하는 갓난아이를 등에 업고만 가도 밤길이 무섭지 않은 법이여~!" 당시 어르신의 말씀은 제 귀에 '소리'로만 들렸어요. 있으나 마나한 갓난아이가 무슨 힘이 있다고 밤길이 무섭지 않다는 건지 도통 이해가가지를 않았으니까요. 그런데 결혼 후 두 딸을 키우면서 어르신이 하신 말씀을 비로소 깨닫게 되었어요. 그 말은 등에 업힌 아이를 지켜야 한다는책임감이 무서움을 극복하게 한다는 의미였던 거예요. 힘없는 갓난아이일망정 누군가 '함께하고 있다'는 것만으로도 얼마나 큰 용기와 담대함이생기는지 두 딸을 키우면서 알게 됐죠.

삶뿐만이 아니라 신앙의 여정도 함께함이 매우 중요해요. 우리 크리스천들에게 있어서 함께한다는 것은 '동역'이라는 말로 정의되기도 해요. 예수님께서 이 땅에 오셔서 공생애 사역을 시작하시며 가장 먼저 하신 일은 열두 명의 제자들을 삼으신 일이었어요. 이유가 무엇이었을까요? 예수님이 이 땅에 펼치고자 하셨던 하나님 나라는 '함께, 더불어, 같이'가 초석이 되고 밀알이 되는 나라였기 때문이에요. "두세 사람이 내 이름으로 모인 곳에, 나도 그들 중에 있느니라"라고 말씀하신 마태복음 18장 20절 말씀만 보더라도 함께 사역하는 것이 얼마나 중요한지를 금방 알 수 있어요. 바울 사도 역시 로마서 8장 28절에서 이렇게 말했어요. "우리가 알거니와 하나님을 사랑하는 자 곧 그의 뜻대로 부르심을 입은 자들에게는 모든 것이 합력하여 선을 이루느니라."

하나님의 나라는 나 혼자 이룰 수 있는 것이 아니라 우리, 모두, 함께 이루어 가야만 하는 나라예요. 이 말 속에는 나 혼자보다는 공동체와 함께 기쁨도 나누고 슬픔도 나눌 때 혼자일 경우보다 더 큰 힘을 얻을 수 있다는 의미가 담겨 있어요. 그러니 지금 공동체에 속해 있다면, 신앙 공동체의 지체들과 삶을 공유하면서 그 안에서 새로운 힘과 의미를 느껴 보라고 말씀드리고 싶네요. 그 힘과 의미는 서로를 배려하고 존중하며 보폭을 맞춰 함께 걸어갈 때 느낄 수 있어요. 서로의 조언으로 새롭게 각성하고 결단하는 모습을 통해 얻게 되기도 하고요. 또한 공동체 지체의 성장에 더 큰 지지와 박수를 보내고, 누군가에게 힘이 되어 주고픈 사람으로 변화되면서 얻게 되기도 해요. 주님께서 여러분 옆에 있는 신앙 공동체 지체들을 통해 주시는 힘과 의미로, 믿음의 공동체와 함께 성숙해 가고 성장해 가며 승리하는 삶을 살아가길 바랄게요.

'갓생 크리스천' 되는 법

"목사님, 신앙생활 하면서 갓생 살기 너무 버거워요. ㅜㅜ" 청년들에게서 심심치 않게 받는 고민 상담 내용이에요. 여러분도 이런 비슷한 생각이 든 적 있으신가요? 그래서 생각해 봤어요. '청년들이 원하는 갓생 크리스천의 모습은 구체적으로 어떤 모습일까?' '혹시 성경에는 갓생 크리스천으로서 모델 삼을 만한 인물이 있을까?' 그러다가 신명기 28장 1-13절 말씀이 떠올랐어요. 그중에서 12절 하반 절에서는 이렇게 말씀하고 있더라고요. "네가 많은 민족에게 꾸어 줄지라도 너는 꾸지 아니할 것이다." 그리고 13절에서는 이렇게도 말씀하고 있었어요. "너는 머리가 되고 꼬리가 되지 않을 것이며, 위에만 있고 아래에 있지 않게 하시리라."

어때요? 세상에서 이런 삶을 살아갈 수만 있다면 '갓생' 크리스천으로서 최고의 삶을 살아가는 것이 아닐까요? 그런데 성경은 이런 복을 받고자 한다면, 조건을 충족시켜야 한다고 말씀하고 있어요. 신명기 28장 1절에서는 그 조건에 대해서 이렇게 말씀하고 있네요. "네가 네 하나님 여호와의 말씀을 삼가 듣고 내가 오늘날 네게 명령하는 그의 모든 명령을 지켜

행하면…" 한마디로 말해서 순종해야 받을 수 있는 복이라는 거예요. 그렇다면 하나님의 눈높이를 충족시키는 순종이란 무엇일까요? 결론부터 말해 보자면 신앙생활과 세상살이 사이에 기울어짐이나 편애가 없는 삶, 즉 하늘에 계신 하나님을 마음 다해 섬기는 만큼 이 땅에서 내가 져야 하는 책임을 최선을 다해 져야 한다는 거예요. 다시 말해 '갓생' 크리스천이 되기 위해서는 수직선과 수평선의 조화가 잘 이루어진 십자가의 삶을 살아가야 한다고 할 수 있어요. 빌려줄지라도 빌리지는 않는 복, 머리가 될지언정 꼬리가 되지 않는 복, 이끌지언정 이끌림당하지 않는 복, 위에만 있고 아래에는 있지 않을 수 있는 복은 하나님이 보시기에 참 좋았더라고 인정할 수 있을 만큼 준비된 그릇에만 담길 수 있는 거예요. 다섯 달란트를 받을 수 있었던 능력이 곧 다섯 달란트를 남길 수 있는 능력으로 이어졌던 것처럼 말이죠.

그러한 삶의 열매는 '세상에서 성공한 후에 잘돼서 하나님께 영광 돌리면 되잖아. 그러면 하나님도 이해해 주실 거야'라는 마인드(mind)로는 이룰 수 없어요. 그렇다고 '난 내 할 일보다 신앙이 무조건 더 중요해. 하나님의 일을 열심히 하면 나머지는 하나님이 다 책임져 주신다고 했어'라는 방식도 반쪽짜리고요. 내 자리에서 최선을 다하는 것으로 하나님께 영광을 돌리고, 하나님의 귀한 말씀이 선한 영향력으로 내 삶의 주인으로 자리하게 하는 마인드와 방식. 그것만이 '갓생러'로서의 삶에 힘을 실어 줄 수 있어요. 이러한 마인드와 방식을 친구 삼아 여러분 안에 있는 '갓생러'의 DNA가 살아나게 해 보세요.

040

상대방을 무조건 설득할 수 있는
사람들의 비밀

이번에는 설득하는 법에 대해서 이야기를 나누려고 해요. 공동체뿐만 아니라 세상을 살면서 한 번쯤은 꼭 필요한 능력이니 집중해서 읽어 주면 좋겠어요. 신앙 공동체 안에서 여러분의 신뢰도는 어느 정도라고 생각하나요? 충돌이나 대립이 있는 상황에서 여러분이 의견을 제시하면 주변 사람들의 반응은 어떠한가요? 여러분의 말에 귀를 기울여 듣는 편인가요? 똑같은 말을 하더라도 확연하게 달리 들리는 사람이 있어요. 이런 사람들의 비밀을 저는 성경 속 아브라함의 모습에서 찾을 수 있었어요. 소돔과 고모라 성이 최악의 악이라는 포화 상태에 다다르게 되자, 하나님은 그 최악의 상황을 더는 두고 보실 수 없으셨어요. 그래서 그분은 중대한 결단을 내리셨죠. 급속도로 퍼지는 악의 싹을 자르기 위함이었어요. 그런데 그때 한 사람이 나타나 하나님의 결정에 아주 당돌하게 개입하는데요. 바로 아브라함이에요.

창세기 18장 25절에서 아브라함은 하나님께 이렇게 말했어요. "주께서 이같이 하사 의인을 악인과 함께 죽이심은 부당하오며 의인과 악인을 같이 하심도 부당합니다. 세상을 심판하시는 이가 정의를 펼치셔야 하지 않습니까?" 오늘만 살겠다고 마음먹은 사람만 할 법한 도발에 가까운 발언이에요. 그러면서 소돔 성에 의인 50명이 있다면 어찌하겠느냐고 묻는 것을 시작으로 사십오 명, 사십 명, 삼십 명, 이십 명, 마지막으로 열 명에 이르기까지 하나님을 설득하는데요. 하나님이 공의와 정의, 공정함의 하나님이라는 점을 근거로 끈질기게 대화를 이어 나가죠. 그런데 놀랍게도 한낱 피조물에 불과한 인간이 "하나님, 당신은 이런 분 아니십니까?"라는 어이없는 당돌함으로 밀고 들어옴에도 불구하고, 하나님은 그 당돌함을 무시하지 않으시고 인정해 주셨어요.

여러분은 그 이유가 뭐라고 생각하세요? 그건 바로 아브라함의 '삶'이에요. 아브라함은 하나님을 향해서조차 반문할 수 있을 만큼 최선을 다해 하나님 뜻대로 살아왔던 사람이었어요. 하나님도 이를 아셨기 때문에 아브라함의 입에서 나오는 말은 일단 귀를 열고 들으셨던 거예요. 이처럼, 다른 사람을 설득하려면 평상시 삶에서 솔선수범의 자세가 필요해요. 그래야 말에 힘이 실리는 법이거든요. 삶이 더해지지 않은 설득은 공허한 메아리에 불과해요. 진정한 설득은 내가 상대방을 바꾸는 것이 아니라, 상대방이 내 모습을 보고 감동하여 스스로 변하도록 하는 거예요. 꿀과 향기를 머금고 있는 꽃을 향해 벌들이 모이는 것처럼, 여러분의 삶이 하나님의 뜻을 담고 살아가는 삶이 될 때, 그리스도의 향기를 전하는 말의 힘이 생기게 돼요. 우리, 그런 삶의 주인공이 되고자 노력해 봐요!

두려움과 의심은
이겨 내게 해 주시는 것이 아니라,

우리가 그분의 말씀에 의지하여
이겨 내는 것임을 잊지 말았으면 해요.

PART 3

일상생활,
위로

" 뱀의 지혜로움으로
세상의 소금이 되고, 빛이 되고 싶은
청년들을 위해 "

두려움과 의심을 이기고 싶다면

과감하게 선택하고 결단해야 하는 순간, '내가 할 수 있을까?'라는 주저함으로 회피하고 포기할 때가 있죠. 그런데 시간이 지나고 되돌아보면 '그 때 한번 해 볼걸' 하는 아쉬움과 후회만 남을 뿐 아무것도 변한 게 없어요. "걱정하고 두려워하는 것의 90%는 일어나지 않는다"라는 말이 있기는 하지만, 10%의 벽을 넘어서기에는 언제나 역부족이었기 때문이죠. 현재 여러분은 어떠신가요? 10% 장벽 앞에서 '할 수 있을까?'라는 물음표만 던지며 살아가고 있진 않나요? 아니면 절대적인 가능성으로 거뜬히 넘어서는 삶을 살고 있나요? 우리는 대개 급격한 변화 속에서 안전하게 정답을 얻기만을 원하고 바라죠. 하지만 안타깝게도 우리의 삶은 그 자체가 모호성으로 가득 차 있다고 할 수 있어요.

전도서 3장 7절 말씀처럼, 찢을 때인가 싶더니, 어느 순간 꿰매야만 할 때인 거예요. 잠잠할 때인가 싶어 침묵을 지켰더니, 느닷없이 말할 때라고 몰아붙이는 거죠. 삶이 변하는 속도를 우리가 반응하는 속도로 도저히 따라잡을 수가 없어서 두려움과 의심이 나를 휘어잡을 때, 그 두려움과 의심은 곧 걷히는 안개에 가까움에도 불구하고 바위처럼 단단하게 느껴지는 거예요. 그런데 여러분 전도서 기자가 적어도 이것 하나만큼은 분명하게 확신하고 있다는 것을 명심하면 좋겠어요. "다 때가 있다." 저는 이 말을 이렇게 해석해 보고자 해요. 우리가 따라잡지 못했던 삶의 속도감은 무한 대가 아니기에 반복적인 훈련으로 얼마든지 극복할 수 있다. 그러니 의심과 두려움을 회피하려고만 하지 말고, 매일 부딪혀 그 속도감에 익숙해지자는 거예요. 또한 부딪히다가 때때로 대가를 치러야 한다면, 기꺼이 그렇게 하라는 거죠.

각각의 때에 최선을 다해 감당하며 살아 낸다면, 마침내 여러분의 반응 속도가 삶의 변화 속도를 따라잡을 수 있게 될 거예요. 다 때가 있기 때문이죠. 그랬을 때 찢어진 상황에서도 '어떻게 꿰매지? 잘 꿰맬 수 있을까?'라는 의심과 두려움 대신 '이렇게 꿰매면 되겠군'이라는 지혜와 집중력을 갖게 되는 거예요. 잠잠하게 있어야 할 때 '빨리 말을 해야 할 텐데'라는 답답함과 '말을 하라고 하면 무슨 말을 하지?'라는 조급함이 아니라, '이렇게 이렇게 말을 해 보자'라는 여유와 신중함을 가지게 되는 거예요. 청년 여러분, 두려움과 의심은 이겨 내게 해 주시는 것이 아니라, 우리가 그분의 말씀에 의지하여 이겨 내는 것임을 잊지 말았으면 해요. 그러니 주님의 말씀에 의지하여 그물을 던졌던 베드로처럼, 여러분도 주님의 말씀에 의지하여 의심과 두려움을 이겨 내시기를 응원합니다.

하나님, 넘어짐이 두렵습니다

MZ세대라고 불리는 여러분에게는 구식 단어처럼 들릴 수도 있겠지만, 한번 '칠전팔기'라는 사자성어를 생각해 보면 좋겠어요. 일곱 번 넘어졌다고 할지라도 여덟 번째 다시금 일어난다는 뜻이죠. 저는 개인적으로 '칠전팔기'라는 단어를 떠올릴 때면, 언제나 이 인형이 함께 연상되곤 해요. 눈치채셨나요? 맞아요. 바로 '오뚝이'라는 인형이에요. 누가 일으켜 세워주지 않아도 잽싸게 혼자서 일어나 원래의 모습으로 돌아오는 인형이죠. 오뚝이 인형이 쓰러져도 다시 일어날 수 있는 이유는 무게 중심이 아래에 있기 때문이라고 해요. 무게 중심이 아래에 위치하고 있어야, 외부의 영향에 순간적으로 휘청거릴지라도 곧바로 안전하게 중심을 잡고 일어설 수가 있대요.

하찮은 장난감에 불과하지만, 오뚝이 인형의 원리는 우리 크리스천들에게 교훈과 깨달음을 주는 선생으로서 손색이 없는 것 같아요. "하나님, 넘어짐이 두렵습니다"라는 탄식에서 짐작할 수 있듯 우리네 삶은 넘어짐의 연속이라고 해도 과언이 아니에요. 얼마나 넘어진 횟수가 잦고 많았으면 두렵다고까지 하겠어요. 하지만 오뚝이가 오뚝이라 불릴 수 있는 단 하나의 이유는 무게 중심을 잡아 주는 묵직한 쇳덩어리의 도움을 받아 넘어진 횟수와는 무관하게 언제나 제자리로 돌아온다는 사실에 근거하죠.

마찬가지예요. 하나님의 자녀가 하나님의 자녀라고 불릴 수 있는 단 하나의 이유는 무게 중심이 되어 주시는 하나님의 도움을 받아 넘어지고 쓰러지더라도 횟수와는 무관하게 다시금 일어나 보란 듯이 제 길을 걸어가는 칠전팔기에 근거하고 있어요. 넘어짐이 두려움에도 불구하고 칠전팔기가 가능한 이유! "네가 물 가운데로 지날 때에 내가 너와 함께할 것이라 강을 건널 때에 물이 너를 침몰하지 못할 것이며 네가 불 가운데로 지날 때에 타지도 아니할 것이요 불꽃이 너를 사르지도 못할 것이다." 이사야 43장 2절을 통해 우리에게 약속해 주신 말씀이 그 이유라고 할 수 있어요.

그런데 이거 하나는 명심해야 할 것 같아요. 지나기 전에, 건너기 전에 막아 주시겠다고 약속하신 것이 아니라, 지날 때 혹은 건널 때 함께해 주신다고 약속하셨다는 거예요. 이 말은 지날 때 혹은 건널 때 강물의 거센 물줄기와 불꽃의 뜨거운 화력을 핑계 삼아 '이렇게 거센데, 이렇게 뜨거운데, 어떻게 다시 일어날 수 있겠어?'라고 생각하며 포기하고 합리화하는 것이 아니라, '넘어짐이 두렵지만 그래도 다시 일어날 거예요'라는 다짐의 결단이 있을 때, 여러분의 발걸음에 힘을 보태신다는 거예요. 무게 중심이 되어 주시는 주님과 더불어, 칠전팔기로, 넘어짐을 넘어서길 기도합니다.

후회를 지워 내고 새로운 인생 사는 법

세상을 살아가다 보면 하면 할수록 상황을 바로잡아 가는 것이 있는가 하면, 하면 할수록 상황을 악화시키는 것이 있기도 하죠. 새롭게 다짐하고 결단하고 계획을 세우는 것은 하면 할수록 상황을 좋게 만드는 반면, 후회는 하면 할수록 상황을 어렵게 만드는 것 같아요. 물론 후회하면서 살아가고픈 사람은 단 한 사람도 없을 거예요. 하지만 그런 바람과는 달리 세월이 흐르고 시간이 흐를수록 지워지기는커녕 더 짙어지기까지 하는 것이 후회죠. '내가 만약 그때 다른 선택을 했더라면'처럼 두고두고 곱씹게 되고 미련으로 남아 현재의 나를 괴롭게 할 때가 있어요. 자꾸만 과거 어느 언저리만을 맴돌며 "그때 그랬으면 좋았을 것을"이라는 메아리만을 되풀이하게 하죠.

그러나 고린도후서 5장 17절은 이렇게 말씀하고 있어요. "그런즉 누구든지 그리스도 안에 있으면 새로운 피조물이라, 이전 것은 지나갔으니 보라 새것이 되었도다." 그리스도의 자녀라고 한다면 새 삶을 추구해야 한다는 말씀이에요. 즉, 지나간 것에 대해서는 과감하게 이별을 고할 줄 알아야 하고, 새로운 삶을 살기 위해 '이전 것'은 비워 내고 '새것'으로 삶을 채우라는 거예요. 후회나 실망과 같은 '이전 것'이 아닌, 희망이나 기대와 같은 '새것'으로 말이에요. 그러기 위해서는 작은 마음가짐부터 바꿔야 해요. 마음이 바뀌면 행동이 바뀌고, 행동이 바뀌면 습관이 바뀌거든요. 그리고 습관이 바뀌면 결국 인생은 새롭게 변해요. '난 하나님의 새로운 피조물이야', '난 내 인생을 새것으로 채울 수 있어.' 이렇게 희망적이고 긍정적으로 마음가짐을 바꿔 보세요. 그리고 그 마음가짐대로 행동해 보세요.

하루, 이틀, 한 달, 두 달, 포기하지 않고 꾸준히 행동하다 보면 어느새 여러분의 행동은 좋은 습관이 되어 있을 거예요. 그리고 그 좋은 습관은 후회 없는 선택을 하는 것이 현명한 것이 아니라, 어떤 선택을 하더라도 후회하지 않는 것이 현명한 것이라는 성숙한 마음가짐으로 인생에 변화를 가져다줄 거예요. 현재 가지지 못한 것에 대해서 후회만 하는 사람은 현재 가지고 있는 것으로 미래를 위해 무엇을 할 수 있는가를 생각하지 못해요. 그렇게 되면 현재가 또다시 과거가 되었을 때 '~할 걸'만을 되풀이하게 되는 거죠. 여러분은 마음을 새것으로 채우려고 노력하고 있나요? 후회를 지워 내고 새로운 인생을 사는 법은 새로운 피조물로서 새롭게 각성하고 결단하고 행동하는 거예요. 꼭 그런 사람이 되기를 기도할게요.

하나님, 제가 한 선택이 맞을까요?

'오늘 점심은 뭘 먹을까? 아! 담백한 자장면이 좋겠군.' 이렇게 점심 메뉴를 정하고 중국집으로 발길을 향하는데, 중간쯤 가다가 갑자기 심경의 변화가 생기는 거예요. '얼큰한 짬뽕도 괜찮을 것 같은데?' 이때부터 전쟁을 방불케 하는 내적 갈등이 시작되는 거죠. 중국집에 도착해서 무엇을 먹을 것인지 말하기 전까지 국운(國運)이라도 걸린 듯 심사숙고를 하고서는 최종 메뉴를 선택했지만, 결국 만족이 없었어요. 자장면을 시킨 날은 '짬뽕을 먹었어야 했는데'라는 아쉬움이, 짬뽕을 시킨 날은 '자장면을 먹었어야 했는데'라는 미련이 남으니까요. 그렇다고 매번 갈 때마다 자장면과 짬뽕을 다 주문할 수는 없잖아요. 이럴 때 선택한 음식에 대해서 아쉬움과 미련이 없게 하는 방법은 딱 하나에요. 그날 주문한 음식에 집중하며 맛을 음미하는 거죠. 그리고 다음번에는 다른 것을 주문하는 거예요. 그리고 그때도 그 음식의 맛에 집중하며 음미하는 거죠.

'하… 이게 맞나? 아닌가? 저게 더 나으려나?' 진로, 취업, 연애, 인간관계…. 살면서 우리는 수많은 선택을 하며 살아갈 수밖에 없어요. '이 선택이 과연 옳을까?', '더 좋은 선택은 없었을까?' 언제나 결정을 한 후에는 항상 이런 불안함이 남곤 해요. 자장면과 짬뽕을 선택하는 데도 내적 갈등이 엄청난데, 하물며 인생에 있어서는 두말할 나위가 없겠죠. 하지만 인생에서 정답과도 같은 선택이라는 건 없다고 생각해요. 그 선택을 알맞게 만들어 가는 '과정'만 있을 뿐이라고 생각해요. 그런데도 우리는 어떤 선택의 갈림길에 설 때면 항상 이 질문을 앞세우죠. "하나님, 제가 한 선택이 맞을까요?" 그런데 이 질문의 이면에는 '자장면을 시키더라도 짬뽕의 얼큰함이, 짬뽕을 시키더라도 자장면의 담백함이 담겨 있으면 좋겠으니, 하나님께서 그렇게 해 주시면 안 되나요?'라는 속내가 담겨 있는 것 아닐까요?

물론 하나님은 창세기 28장 15절을 통해 이렇게 약속해 주고 계세요. "내가 너와 함께 있어 네가 어디로 가든지 너를 지키며, 너를 이끌어 이 땅으로 돌아오게 할지라. 내가 네게 허락한 것을 다 이루기까지 너를 떠나지 아니하리라." 그러나 하나님이 우리와 함께해 주시는 데는 전제 조건이 있어요. "네가 어디로 가든지"에서 알 수 있듯, 선택 결정권을 온전히 우리에게 위임하셨다는 거예요. 하나님께서 미리 정해 놓으신 길이 있는 것이 아니라 내가 선택하고 걸어가면 그 길이 하나님께서 예비해 놓으신 길이 된다는 것이죠. 그러니 여러분, 무슨 선택을 하든지 그 과정 가운데 항상 함께 계셔서 결국은 가장 좋은 결과까지 도달할 수 있도록 도와주시는 그분의 약속을 믿고 "하나님, 제 선택과 만들어 가는 과정 가운데 함께해 주세요."라고 고백하며 나아가세요. 그 고백과 노력이 하나도 땅에 떨어지지 않을 거니까요.

045

불안함? 오히려 좋아!

'아 너무 불안해…. 왜 이렇게 진정이 안 되지?', '내 마음인데 내 생각처럼 잘 안 움직이네.' 맞아요. 살아가다 보면 몸과 마음이 내 것인데도 불구하고 내 것이 아닌 것처럼 통제되지 않을 때가 많아요. 이럴 때 크리스천들은 마치 '고해성사' 하듯 "주님, 제 마음이 너무 불안합니다"라고 눈물 젖은 호소를 하게 돼요. 불안함은 내가 하나님 한 분만으로 만족하지 못해서 생겨난 감정이라는 찔림이 있어서 그래요. 그래서 많은 세상 사람들이 불안한 마음을 꺼리는 것처럼, 크리스천들도 어떻게 해서든지 떨쳐 내려고 안간힘을 쓰는 것 같아요. 물론 저와 여러분도 크게 다르지 않은 생각을 하고 있을 거예요. 그런데 다른 이들은 몰라도 크리스천들에게 있어서 불안한 마음은 조금 다른 측면에서 생각해 볼 여지가 있다는 생각이 들어요. 불안함이란 하나님께서 적절하게 주시는 위기 대처 신호일 수도 있거든요.

"내 영혼아 네가 어찌하여 낙심하며 어찌하여 내 속에서 불안해하는가. 너는 하나님께 소망을 두라. 그가 나타나 도우심으로 말미암아 내가 여전히 찬송하리로다." 시편 42편 5절 말씀이에요. "내 영혼아 네가 어찌하여"

에서 알 수 있듯이 저자는 자신의 영혼이 낙심함으로 불안해하고 있다는 이상 징후를 감지했어요. 그런데 이상 징후를 감지하고 난 후 저자는 우리와 사뭇 다른 반응을 보이고 있음을 알 수 있어요. "하나님, 제 마음이 불안합니다. 그래서 낙심됩니다"라는 우리의 절망 섞인 탄식과는 다르게 "너는 하나님께 소망을 두라"라고 말하며 불안해하는 자신의 영혼을 다독이고 있다는 거예요. 이상 징후가 감지된 자기 자신을 셀프 체크하고 스스로 처방까지 내리고 있는 모습인 거죠. 즉, 탄식이 아니라 예방을 하고 있는 거예요.

그렇다면, 이렇게 셀프 체크할 수 있는 능력을 누가 주셨겠어요? 바로 하나님이시죠! 불안한 마음이 들 때마다 "용사가 성을 빼앗는 것보다 내 마음 다스리는 것이 더 어렵구나"라는 이 말이 뼛속까지 각인될 만큼 힘든 것은 사실이지만, 그렇다고 무작정 탄식으로만 대응하지 않았으면 좋겠어요. 불안함이 오로지 나쁜 감정만은 아니니까요. 하나님께서 주시는 위험 감지 신호로 역이용해 보세요. 혹시 지금도 계속해서 내 마음과 생각이 내 맘처럼 되지 않나요? 완벽한 타인처럼 내 통제를 벗어나려 하고 있나요? 입 밖으로 탄식만이 쏟아져 나오려고 하나요? 그럴지라도 주님의 이름으로 여러분의 마음과 생각을 위로해 주세요. 어루만져 주세요. 시편 저자처럼 여러분 자신을 다독여 주세요. 하나님께서 역이용할 수 있는 능력을 주셨으니, 불안함을 가진 환자가 아니라 불안함을 치료제로 사용하는 의사가 되세요. 여러분은 그렇게 하실 수 있는 충분한 능력을 가지고 있는 귀한 존재들이니까요.

046

삶을 깎아 내지 말고 다듬을 것

8년 전, 저는 불합리함에 굴복하지 않고 비상식적인 제안에 타협하지 않기 위해 스스로 부목사 사역을 내려놓아야만 했어요. 그 후 지금의 교회를 만나기 전까지 1년 동안 강제 공백기를 가져야만 했죠. 하루아침에 백수가 되고 만 거예요. 교육전도사부터 부목사까지 무려 11년 동안을 섬겨왔던 신앙 공동체를 떠나야만 했던 저의 심정은 말로 표현할 수 없을 만큼 참담했죠. '하나님! 11년 동안 애쓰고 힘쓴 대가가 고작 이겁니까?' 하는 마음만 가득했죠. 그러던 무렵, 우연히 이런 글귀를 보게 되었어요. "기억하라. 생각하는 대로 살지 않으면 사는 대로 생각하게 된다."

이 글귀를 보는 순간 마음에 강한 울림의 파장이 일어났어요. '당장에 할 것이 없으면, 할 수 있는 것을 찾으면 되잖아. 지금 당장 그게 무엇인지 생각해 보고 행동으로 실행해 보자.' 그래서 저는 집에 돌아오자마자 할 수 있는 것을 정리했고, 다음 날부터 매일 아침 캔 커피 3개와 도시락을 싸 들고 도서관으로 갔어요. 우선, 목사로서 성경을 보는 시야를 넓히기 위해 인문학적인 독서를 시작했어요. 그다음, 읽었던 내용을 내 생각으로 만들기 위해 글 쓰는 훈련을 했어요. 마지막으로, 건강한 정신은 건강한 육체에서 나온다는 말을 곱씹으며 규칙적인 운동도 게을리하지 않았어요.

지금은 가족들과 웃으면서 얘기할 수 있는 과거가 되었지만, 당시에는 너무 고통스럽고 힘들었어요. 종종 "하나님, 저 좀 도와주세요"라는 애끓는 기도가 나오기도 했죠. 그럴 때마다 소리 내서 기도하거나, 동시에 현재 내 삶에 가장 필요한 성경 구절과 성경 인물들의 삶을 계속해서 상기했어요. 17살에 애굽의 노예로 팔려 갔지만 인내하며 하나님의 뜻대로 살아가다가 마침내 애굽의 총리가 된 요셉. 재산과 자녀 모두를 잃는 참담함을 겪지만, 하나님을 원망하지 않고 인내한 욥. 세상의 비난과 조롱의 눈총을 받으면서도 하나님 말씀에 순종하며 인내로 방주를 지은 노아.

다듬어지는 과정 가운데 깎이는 것은 필수 불가결한 대가라고 생각해요. 어렵겠지만 무작정 견디는 것에만 멈춰 있지 말고, 당장 소화해 낼 수 있는 것에 집중해 보세요. 당장 해야만 하는 것들을 묵묵히 해내다 보면, 어느새 깎임이 끝나고 반짝거리는 보석이 되어 있을 거예요. 물론 그 과정 가운데, '아무리 다듬어지고 있다고 해도, 깎이는 건 참 어려워요'라는 힘겨움이 있을 거예요. 하지만 이 말만으로는 상황이 개선되거나 나아질 수 없어요. 하나님은 하고자 하는 자에게 길을 열어 주시는 분이지, 아무것도 하지 않는 자에게 값싼 은혜를 주시는 분은 아니니까요. 깎이는 과정이라고 생각하기보다 삶을 다듬는 과정이라고 여기는 여러분이 되길 바랍니다.

047

원하는 것이 아니라
필요한 것으로 채워 주시는 주님

어릴 적 저는 비위가 유달리 약했어요. 그래서 개선하기 위해서 이런저런 약도 먹어 봤고, 민간요법도 사용했었죠. 그런데 신기한 것은 그 모든 것들이 약속이나 한 듯 하나같이 다 맛이 없었다는 거였어요. 그래서 어린 마음에 이런 생각이 떠나질 않았었어요. '왜 몸에 좋은 건 다 이렇게 맛이 없는 걸까?' 하지만 세월이 흘러 장성한 후에는 그 맛을 음미할 수 있게 되었어요. 맛이 없는 게 아니라 건강한 맛이라는 것을 깨닫게 된 거죠. '내가 원하는 것'과 '내게 필요한 것' 중 내 인생에 '좋은 것'은 무엇일까요? '매번 내가 원하는 것이 내게 꼭 필요한 것이라고 한다면 얼마나 좋을까?' 하는 이런 생각을 해 본 적 없나요? 그러나 애석하게도 '왜 내가 원하는 것을 안 주실까? 나는 하나님이 이걸 주셨으면 좋겠는데…' 하는 이런 상황이 압도적으로 많이 일어나는 것이 우리네 삶인 것 같아요. 그 말인즉 '내가 원하는 것'과 '내게 필요한 것'은 일치할 때보다 일치하지 않을 때가 훨씬 많다는 거예요. 그리고 하나님은 내가 원하는 것을 주지 않으실 때가 더 많다는 의미이기도 하고요. 맛없는 것을 자꾸만 먹으라고 하시니까 하나님이 야속할 때도 있을 거예요. 하지만 아이러니하게도 하나님이 우리에게 주시는 넉넉함, 그리고 그 넉넉함으로 얻게 되는 승리는 여러분이 원하는 것으로 얻고자 하는 것들을 훨씬 넘어선답니다.

어느 때는 여러분의 예상을 훨씬 벗어날 정도로 더욱 충만할 때가 많을 거예요. 미성숙했던 어린 시절은 그저 달콤하거나 자극적인 맛이 다였을 거예요. 그래서 당장의 맛만 좋으면, 그것이 설령 몸에 해로운 것이라고 할지라도 주저함 없이 선택했을 테고요. 하지만 이제는 달라야 해요. 단순히 맛있고 자극적인 맛이 아니라 건강한 맛의 필요성을 느낄 수 있어야 하는 거예요. 목마르다고 물 한 잔을 달라는 우리에게 하나님은 시원한 소나기를 내려 주세요. 어둡다고 빛 한 줄기를 갈구하는 우리에게 하나님은 아침을 선물로 주시는 분이세요. 그분은 나보다 나를 더 잘 아시는 분이시고, 나보다 나를 더 아끼시는 분이시기에, 여러분이 원하는 것을 가졌을 때보다 더 넉넉하고 풍요롭고 풍족하게 채워 주실 거예요.

그래서 로마서 8장 37절에서는 이렇게 말씀하고 있어요. "그러나 이 모든 일에 우리를 사랑하시는 이로 말미암아 우리가 넉넉히 이기느니라." 그러니 여러분! 내가 원하는 것을 주지 않으신다는 의심과 불평은 잠시 접어 두고, 하나님이 필요한 것으로 우리에게 주실 넉넉함과 그분의 뜻을 담을 수 있도록 마음 밭을 넓혀 가세요. 그럴 때 여러분이 무엇을 원해야 하는지에 대한 기준도 명확해지는 거예요. 하나님께서 채워 주시는 필요한 것으로 여러분의 삶과 신앙이 건강하게 성장하기를 기도합니다.

048

타인의 조언에 의지가 흔들릴 때
세워야 할 기준 세 가지

"여기서 그만둬야 하는 거 아니야?", "그런 식으로 하면 안 돼지!" 목표를 이뤄 가는 중 이런 조언 때문에 의지가 흔들린 적 다들 한 번쯤은 있을 거예요. "사공이 많으면 배가 산으로 간다"라는 말처럼, 이런 조언들에 정신적으로 심하게 흔들린다는 것은 어쩌면 여러분의 인생이라는 배에 사공이 많이 개입되었다는 뜻일 수도 있어요. 그런데 조언을 무시하자니 실패했을 경우가 두려워지고, 그렇다고 조언을 듣자니 도대체 어디까지 조언을 들어야 하는지 혼란스러울 거예요. 제가 이럴 때 활용할 수 있는 세 가지 기준을 알려 드릴게요.

첫째, 조언해 주는 사람이 '나를 아끼는 사람인가?'예요. 여러분의 인생에 대해서 신중하고 심각하게 생각하는 사람들이 해 주는 조언이 아니라면, 조금은 멀리하셔도 돼요. 바로 없어지는 수면 위로 지나간 배의 흔적처럼 "아니면 말고" 식의 하찮은 참견일 수 있거든요. 나에게 주어진 삶이라는 배의 선장은 오로지 나만이 할 수 있어요. 그러니 주변 사람들의 말을 참

영감톡

고는 하되, 사공 자리를 내어 주는 어리석음은 범하지 않기를 바랄게요. 둘째, '직접 경험을 해 본 사람인가?'예요. '찐 경험'에서 우러나온 경험자의 조언이라면 듣는 게 유익할 거예요. 하지만 책임감 없이 "~더라" 식으로 해 주는 조언은 조금은 멀리하셔도 돼요. 예를 들어, 취준에 대해 고민하고 있는 여러분에게 아빠 회사에 편히 들어간 선배가 해 주는 조언과 취준 3년 만에 원하는 기업에 들어간 선배가 해 주는 조언은 엄연히 다르겠죠. 이렇듯, 경험치에 따라 조언의 무게를 달리하라는 뜻이에요. 셋째, '비난보다 비판을 해 주는 사람인가?'예요. 가끔 비난을 조언이라는 이름으로 포장해서 상대방의 노력을 깎아내리는 사람이 있거든요. 이런 말 하나하나를 귀담아들으면 우리의 정신력은 와르르 무너지게 돼요. 비난과 비판을 구분하려면 아래의 예시처럼 '대안'이 있는지를 유심히 들어 보세요. "너 그렇게 하면 안 돼, 왜 그렇게 해?"가 아니라, "너 그렇게 하면 큰일 나. A로 해 보는 건 어때?"처럼 해결책이 포함된 비판이라면 귀를 기울여 들어보세요.

"또한 사람들이 하는 모든 말에 네 마음을 두지 말라. 그리하면 네 종이 너를 저주하는 것을 듣지 아니하리라"(전 7:21). 이 말씀은 세상의 모든 조언에 귀를 닫으라는 말이 아니에요. 필요한 것과 참고할 것, 불필요한 것과 해로운 것의 기준을 세워서 정신이 흔들릴 정도로 세상 사람들이 하는 모든 말에 마음을 빼앗기지 말라는 뜻이에요. 내 인생을 책임져 주지 못할 사람이 하는 조언은 조금 멀리해도 돼요. 이제부터 '내 인생은 나의 것'이라는 확실한 기준을 세우고 소신 있게, 여러분에게 주어진 '삶'이라는 배의 선장으로서 당당하게 살아가기를 바라요.

혹시 나의 얕은 소견을 앞세워
여러분 삶 속에 스며들고 있는

하나님의 놀라운 기적과 이적을
평범함이라고 치부하고 있지는 않나요?

049

크리스천이 조언하기 전
생각해 볼 한 가지

제 둘째 딸의 고등학교 진학 문제 때문에, 마침 자녀가 그 학교에 다니고 있다고 하는 목사님께 조언을 구한 적이 있었어요. "우리 애한테는 그 학교가 별로 안 맞더군요." 이미 경험을 한 자녀들을 둔 목사님의 조언이었기에 흘려들을 수는 없었어요. 그래도 사람마다 만족의 정도는 다를 수 있으니까, 일단 참고는 하면서 그 학교에 입학할 준비를 시작했어요. 문제는 그다음이었어요. "아니, 목사님. 내가 별로라고 말했잖아요. 굳이 왜 그 학교를 보내려고 해요?" 물론 생각해서 조언하려는 마음인 줄은 알았지만, 저희의 입장을 고려하지 않고 결정을 강요하는 태도 때문에 상당히 기분이 불쾌했어요. 모든 조언은 혀로부터 시작하잖아요. 성경에서도 이런 혀의 힘이 얼마나 큰지 잘 설명하고 있어요. "또 배를 보라. 그렇게 크고 광풍에 밀려가는 것들을 지극히 작은 키로써 사공의 뜻대로 운행하나니, 이와 같이 혀도 작은 지체로되 큰 것을 자랑하도다. 보라 얼마나 작은 불이 얼마나 많은 나무를 태우는가?"(약 3:4-5).

영감톡

큰 배를 아주 작은 키가 움직이는 것처럼 상대방을 위로하거나 힘들게 하는 것도 작은 혀에서부터 시작돼요. 따라서 상대에게 진정으로 도움이 되는 조언을 해 주고 싶다면, 내 혀끝에서 어떤 조언이 나가고 있는지 항상 살펴야 해요. "내가 해 봤는데 그건 아니야. 그냥 내 말 믿고 이렇게 해 봐." 상대방의 입장을 고려하지 않고 강요하는 이런 조언은 친구와 나 모두에게 껄끄러움만을 남기는 것 같아요. 반면에 정말 도와주려고 하는 조언은 이런 거라고 생각해요. "나는 좀 별로더라. 물론 내 경험이 절대적이지는 않아. 내가 해 준 말을 잘 참고해서 가장 적합한 길을 찾기를 바랄게. 도움이 필요하면 언제든 도와줄게." 이러한 조언은 내가 경험한 것이라고 할지라도 모든 사람에게 상대성이 있음을 이해하는 조언이에요. 이 조언을 들은 사람은 용기와 힘을 얻을 수 있어요. 실제로 내 삶에서 고심해 보고 부대껴 보면서 터득한 경험을 가지고 조언을 하되, 내 경험만을 절대적 기준으로 삼는 어리석음을 범하지 않는 심지 깊은 청년들이 되었으면 좋겠어요.

여러 가지 조건과 환경 때문에 그때 그 학교가 아닌 다른 인문계 고등학교로 진학을 했지만, 당시 둘째 딸과 함께 실제로 그 학교에 가서 알아보는 과정에서 "내 딸이 다녀 봐서 아는데, 거기 별로예요"라는 조언은 그저 상대성에 지나지 않은 것이었음을 재차 확인할 수 있었어요. 여러분이 누군가에게 조언을 해 줄 수 있을 만큼 다양한 경험치를 가지고 있다면, 정말로 뼈가 되고 살이 될 수 있는 조언이 될 수 있도록 신중함을 꼭 개입시키세요. 보석과 같은 귀한 조언으로 타인의 삶에 빛을 비춰 주는 여러분이 되기를 바랄게요.

주일날 아르바이트하기 전에
생각해 볼 세 가지

마가복음 2장 23-28절 말씀을 보면, 안식일에 예수님과 함께 밀밭 사이를 지나가던 제자들이 시장하여 이삭을 잘라 먹는 장면이 나와요. 그러자 바리새인들이 이렇게 따져 묻죠. "보시오. 당신의 제자들이 안식일에 하지 말아야 할 행동을 했소." 그러자 예수님이 이렇게 답하세요. "사람을 위하여 안식일이 있는 것이지, 안식일을 위하여 사람이 있는 것이 아니다." 예수님의 제자들이 안식일에 이삭을 잘라 먹었던 것은 허기를 달랬음에도 불구하고 포만감을 더 느끼기 위해 먹었던 것이 아니었어요. 굶주려 허기진 배를 달래고자 하는 어쩔 수 없는 임시방편이었어요. 만약 제자들이 배가 고프지 않음에도 불구하고 더 배불리 먹고자 이삭을 잘랐다면, 바리새인들의 지적이 있기 전에 오히려 예수님이 먼저 따끔하게 훈계를 하셨을 거예요.

주일에 아르바이트를 하는 것 자체는 문제가 되지 않아요. 하지만 그 아르바이트의 목적이 더 갖고 싶고, 더 먹고 싶고, 더 소유하고 싶어서라면 아무리 안식일이 우리를 위해 존재하고 있는 날이라고 할지라도 한 번쯤은 여러분의 선택을 되돌아봐야 해요. 예를 들면 이런 거죠. 주일날에 아르바이트하는 주된 목적이 용돈, 생계, 취업 지원금 등등 꼭 필요한 돈을 스스로 마련할 수밖에 없는 환경이라면, 누구도 그 결정에 대해서 쉽게 뭐라고 할 수 없어요. 그런데 월요일부터 금요일 혹은 토요일까지 평일을 무계획으로 허비해 놓고 주일에 하는 아르바이트만을 고집하고 있다면 말은 달라지겠죠. 게다가 앞서 언급했던 것처럼 더 갖고 싶은 욕심 때문에 주일날 아르바이트를 하는 것이라고 한다면, 예수님의 말씀을 허투루 사용하고 있는 거라고 할 수 있어요. 자신에게 객관적으로 물어보세요. 그래서 정말 꼭 주말 알바를 해야 하는 상황이라면, 즐겁고 긍정적이고 당당하게 하세요.

일하는 과정에서도 하나님과 교제할 수 있고, 일터에서도 여러분의 성실한 삶으로 하나님의 영광을 드러낼 수 있는 거니까요. 여러분, 하나님이 여러분의 무엇을 보시는지 아세요? 바로 여러분의 중심이에요. 하나님은 여러분의 중심을 보시는 분이시기에 한 번의 '특정 행위를 하고 안 하고'에 일희일비하지 않으시는 분이세요. 자, 그럼 이제 생각해 보세요. 여러분은 주일에 아르바이트를 왜 하려고 하나요? 안식일에 이삭을 잘라 먹을 수밖에 없었던 제자들의 상황에 버금가는 환경인가요? 그렇다면 당당하고 자신 있게 하세요. 하지만 그런 상황이 아니라고 한다면, 일주일에 하루는 사람이 떡으로만 사는 것이 아님을 깊게 성찰하는 시간을 가져 보는 것이 어떨까요?

한없이 비가 내리게 될 테니까

　어느 마을에 신비한 기도의 힘을 가지고 있는 사람이 살고 있었대요. 극심한 가뭄에도 이 사람이 기도만 하면 그 즉시 비가 오고, 반대로 아무리 심한 장마라 할지라도 기도만 하면 단박에 비가 그쳤대요. 그러니 주민들로부터 절대적 신임을 받음은 당연했겠죠. 야고보서 5장 17절은 엘리야를 이렇게 소개하고 있어요. "엘리야는 우리와 성정이 같은 사람이로되, 그가 간절히 기도한즉 3년 6개월 동안 땅에 비가 오지 아니하고." 혹시 이 마을에 살았던 사람이 엘리야였을까요?

　〈엑스맨〉이라는 마블 영화를 보면 이런 능력을 소유한 초능력자가 등장해요. 자기 마음먹은 대로 천둥 번개를 몰고 오고, 구름을 걷히게 하는 능력이 부럽기 짝이 없죠. 그렇다면 이 마을에 살았던 사람과 엘리야는 초능력자였던 걸까요? 아니요. 그렇다고 하기에는 그렇지 않다는 명확한 증거가 있어요. "우리와 성정이 같은 사람이로되"라는 구절이 그 증표예요. 그럼 이들의 능력은 어떻게 생겨난 것일까요? 우리는 매우 빈번하게 이루어진 '결과'만을 놓고 모든 상황을 이해하려는 아주 그릇된 버릇을 가지고

영감톡

있어요. 또한 내가 눈으로 목격한 '광경'만을 근거 삼아 어떤 상황을 제멋대로 결정지을 때도 많고요. 그렇다면, 이 사람의 '진짜 능력'은 딱 한 번 기도 했는데 비를 오게 한 '초능력'일까요? 아니면 비가 올 때까지 기도한 '끈기'일까요? 야고보서에서 소개하고 있는 엘리야는 언뜻 보면 기도 한 번만으로 응답을 받은 사람처럼 보일 수도 있어요. 어쩌면 그 시각이 정답일 수 있겠죠. 하지만 저는 이 말씀을 읽을 때마다 보이는 모습 너머에 있는 엘리야의 간절함이 보여요. 혹시 엘리야는 남들이 보지 않는 곳에서도 계속해서 비가 오지 않기를 기도하지 않았을까요? 3년 6개월만큼 비가 안 올 정도로 간절하게 말이죠.

　하나님을 향한 한 번의 노력과 한 번의 기도를 끝으로, 하나님이 들어주지 않으신다고 결론을 내리고 쉽게 포기하는 사람이 있어요. 그런데 정말 엘리야가 딱 한 번만 기도했기 때문에 3년 6개월 동안 비가 내리지 않았다는 것에 여러분의 신앙을 맞추실 건가요? 아무 노력 없이, 그리고 딱 한 번 기도한 것만으로 원하는 열매를 맺는 것만이 하나님의 은혜라고 생각하실 건가요? 이런 신앙은 미성숙한 신앙이라고 말씀드리고 싶어요. 한 번의 실패에 너무 낙담하거나 무기력해지지 마세요. 엘리야처럼 보이는 모습 너머의 간절함을 가지고서, 꾸준히 노력하고 기도하며 나아가세요. 은밀한 중에 계신 그분이 소리 없이 나아와 은밀한 만남을 갖고자 하는 여러분의 기도를 들으실 거예요. 그리고 마침내 여러분의 마른 길에도 3년 6개월만큼의 충분한 비를 내려 주실 거예요.

하나님의 자비를 받는 사람들의 특징

한순간에 자식을 잃고, 재물을 잃고, 자신의 건강까지 극도로 나빠지는 불운을 겪은 사람이 있어요. 하나라도 견디기 힘든 불행을 한 번에 여럿 겪은 사람이죠. 바로 '욥'이라는 사람이에요. 부모가 자식을 잃으면 무덤에 묻는 것이 아니라 가슴에 묻는다고 할 만큼, 형용할 수 없을 만큼의 고통이 있기 마련이에요. 힘겹게 모아 온 재물을 한순간에 잃는 것 또한 당해 보지 않은 사람은 감히 논할 수 없을 만큼의 고통이라 할 수 있어요. 게다가 건강을 잃으면 모든 것을 잃는다고 하듯이, 한순간에 무너진 건강은 사람의 삶을 피폐하게 만들죠. 이 세 개의 불운 중 어느 것 하나만으로도, 사람이 극단적인 선택을 할 정도로 나락으로 떨어지기에 충분해요. 그런데 욥은 이 세 개의 불운이 한꺼번에 덮쳤음에도 불구하고, 하나님을 원망하지도 않았고 자신의 삶을 포기하지도 않았어요.

"하나님, 저는 왜 하나님의 자비를 받지 못하는 건가요?"라는 절규는 욥이 도맡아서 해도 부족할 만큼 암담한 상황이었지만, 그렇지 않았다는 거예요. 그런 욥의 모습을 야고보서 5장 11절에서는 이렇게 말씀하고 있어요. "보라. 인내하는 자를 우리가 복되다고 하나니, 너희가 욥의 인내를 들었고 주께서 주신 결말을 보았거니와 주는 가장 자비하시고 긍휼히 여기시는 이시니라." '원망'이 아닌 '인내', '포기'보다 '노력'! 이것이 바로 하나님이 욥에게 자비와 복을 내리신 이유였어요. 욥은 광야에서 만나와 메추라기 기적, 반석에서 물이 나오고 마라의 쓴 물이 단물로 변하는 이적들을 직접 눈으로 봤음에도 불구하고, 조금만 힘들어지면 곧바로 불평을 쏟아내곤 하던 이스라엘 백성과는 달랐어요.

욥뿐만이 아니에요. 모세 또한 엄청난 인내를 보여 줬어요. 히브리서 11장 24-26절에 의하면, 모세는 장성한 후에 이러한 결단을 내려요. "믿음으로 모세는 장성하여 바로의 공주의 아들이라 칭함 받기를 거절하고 도리어 하나님의 백성과 함께 고난받기를 잠시 죄악의 낙을 누리는 것보다 더 좋아하고 그리스도를 위하여 받는 수모를 애굽의 모든 보화보다 더 큰 재물로 여겼으니 이는 상 주심을 바라봄이라." 여러분, 하나님이 주시는 자비는 당면한 시험에 대해서 욥이나 모세처럼 인내하고 결단하며 나아갈 때 주어지는 거예요. 지금까지 욥의 인내를, 모세의 결단을 귀로만 듣고 실천은 미뤄 두고 있지 않았나요? 욥과 모세를 향해 주께서 주신 자비의 결말을 보았다면, 이제는 두 믿음의 선배의 모습을 내 삶에서 실천할 차례예요.

신앙 강박 때문에 힘든 당신을 위하여

우리 크리스천들은 '코람데오(coram Deo)', 즉 '하나님 앞에서'라는 의식을 가지고 매번 나 자신을 돌아보며 바람직한 모습으로 살아가고 있는지를 성찰해야만 하는 존재들이에요. 그런데 그럴 때마다 몸에 좋은 약이 쓰다는 속담처럼, 우리에게 꼭 필요하지만 대면하기 거북한 단어들과 만나곤 하는데요. 그중의 하나가 바로 '징계'라는 단어예요. 일반적으로 '징계'라고 하면 '하나님이 주시는 벌'이라는 선입견 때문에 죄책감, 절망감, 좌절감이라는 부정적인 감정들이 뒤따라오곤 해요. 그러나 우리의 부정적 선입견과는 달리 성경 여러 곳에서는 이 '징계'라는 단어에 대해서 매우 긍정적으로 설명해 놓고 있는 것을 발견할 수 있어요.

히브리서 12장 8절은 "징계를 받지 않으면 사생자요 친아들이 아니니"라고 말하고 있고, 잠언 3장 12절은 "여호와께서 그 사랑하시는 자를 징계하시기를 마치 아비가 그 기뻐하는 아들을 징계함같이 하신다"라고 말하고 있어요. 그런데도 어째서 어떤 이의 코람데오는 징계라는 단어와 만나게 되면 덫이 되고 올무가 되어 하나님과의 만남의 질을 플러스가 아닌 마이너스로 하락시키는 걸까요? 그건 바로 하나님을 이해하는 출발점이 다르기 때문이에요. 이해하는 출발점이 다르니까 답하는 종착점이 당연히 다를 수밖에 없겠죠.

인간은 그 누구라도 하나님 앞에서 함량 미달이에요. 이 명백한 사실 앞에 하나님의 자녀인 크리스천은 "나는 죄인입니다"라는 자기반성적 고백을 하지 않을 수 없어요. 가끔은 이 고백이 "하나님의 눈길은 내 모든 언행을 감시하는 감시 카메라야, 하나님은 내 삶과 신앙을 감시하는 스토커 같은 분이셔"라는 하나님에 대한 그릇된 이해로까지 확장되기도 해요. 문제는 한 번, 두 번, 함량 미달이 되풀이되는 자신의 모습을 보면서 하나님의 징계를 제멋대로 상상하고 노심초사하는 '강박증'에 갇히게 된다는 거죠. 그 과정 가운데 '징계'를 본래의 선한 용도가 아닌 죄책감, 절망감, 좌절감이라는 부정적 침전물들이 강하게 배어 있는 단어로 단정 지어 버리고, 결국 전혀 근거 없는 괴로움의 늪에서 허우적거리는 거예요.

제가 청년 시절에 들었던 말 중에서 지금도 인상 깊게 남아 있는 말이 있어요. "신구약 66권을 압축기에 넣고 짜면 두 글자가 나오는데, '사랑'이라는 단어다." 그 사랑이라는 단어 앞에 '누구의' 사랑인지 소유격 문장으로 표현해 본다면, 하나님의 사랑, God's Love죠. 그런데 그런 사랑의 하나님이 여러분들이 근거 없는 강박증으로 괴로워하는 것을 좋아하실까요? 절대로 그런 하나님이 아니라는 사실을 잊지 않길 바랍니다. 사랑의 하나님 안에서 참된 평화를 느끼는 영감톡 청년들이 되길 기도할게요.

054

크리스천 청년이 제사를 대하는 자세

세상을 살아가면서 피하고 싶거나 직면하기 거북한 상황들을 만나게 될 때 가장 손쉬운 해결책이라고 한다면, 단박에 '손절'하는 것일 거예요. 하지만 그러자니 세상의 삶은 복잡다단한 이해관계로 얽히고설켜 있어요. 혈연관계는 더더욱 그렇고요. 모든 가정에는 이런저런 이름으로 행해지는 대소사가 있어요. 그중의 대표적인 것이 바로 '제사'죠. 대한민국에서 제사는 조상에 대한 예를 갖춘다는 측면에서 허투루 할 수 없는 중요한 행사로 인식되어 있어요. 그러나 안타깝게도 현재까지 기독교 신앙은 이 제사를 "적과의 동거 행위는 결단코 용납할 수 없다"라는 이유를 들어 '손절'만이 유일무이한 방법이라고 여겨 왔어요. 그런데 생각해 보세요. 크리스천으로서 신앙을 지키고 하나님의 말씀에 순종하면서 가족과의 관계를 해치지 않는 방법이 과연 '손절'이라는 극단적인 강경책밖에는 없는 것일까요?

마태복음 5장 41절에서 예수님은 이렇게 말씀하셨어요. "누가 너로 억지로 오 리를 가게 하거든, 그 사람과 십 리를 동행하라." 선뜻 받아들이기

쉽지 않은 가르침이죠? 불합리한 힘을 남용하여 피해를 주려 하는 사람에게 '손절'은커녕 오히려 과하다 싶을 정도의 배려를 하라고 말씀하시는 속내가 무엇인지 선뜻 이해가 되지 않기 때문이에요. 크리스천들이 제사와 관련하여 가장 심각하게 갈등을 겪는 것을 꼽으라고 한다면 '절'이라고 하는 특정 행위일 건데요. 어쩌면 이 특정 행위를 하지 않기 위해서 제사 자체를 거부한다고 해도 과언이 아니라고 할 수 있어요. 그런데 여러분, 이때 마태복음 5장 41절에서 말씀하신 예수님의 가르침을 제사에 적용해 본다면 어떨까요? 제사 때 가족 구성원 누구보다도 빨리 집에 도착하는 거예요. 그리고 누구보다도 제사에 필요한 음식을 장만하는 과정에 적극적으로 솔선수범해 보는 거예요. 형편이 허락하는 대로 최선을 다해서 제사에 필요한 비용도 더 많이 감당하고요. 그렇게 '절'이라는 특정 행위만 빼고 모든 일에 최선을 다해 보자는 거죠.

'절'이라는 결과적 거리 두기를 위해, '제사 준비'라는 과정에는 일절 거리 두기를 하지 않아 보는 거예요. 물론 그랬을 때 100% 모든 비기독교 가족 구성원이 이해해 줄 거라고 장담할 수는 없어요. 하지만 적어도 여러분은 억지로 오 리를 가자고 주장한 사람과 더불어 십 리를 동행한 셈이에요. 막무가내식으로 사리 분별을 하지 못하는 가족 구성원이 아니라고 한다면, 여러분의 배려와 진심, 신앙을 존중해 주실 거예요. 크리스천 청년으로서 '지혜로운 거리 두기'라는 또 하나의 최고의 방책을 통해 신앙과 사명, 그리고 가족관계까지 모두 지켜 내는 슬기로운 영감톡 청년들이 되기를 바랍니다.

야한 생각 때문에 죄책감이 들 때

지금 여러분과 같은 청년의 때를 화산에 비유하자면, '활화산'이라고 표현하고 싶어요. 엄청난 온도와 폭발력을 가지고 있는 마그마가 내면에서 부글부글 끓고 있는 시기라고 할 수 있죠. 그중에서도 용솟음치듯 끓어오르고 있는 에너지가 바로 '성' 에너지일 거예요. 너무 강력하다 보니 때때로 이성의 방어력으로 본능의 공격력을 방어하기가 그리 쉽지 않죠. 물론 대다수의 크리스천 청년들은 때로는 억지로 누르기도 하고, 때로는 달래기도 하면서 지혜롭게 잘 살아가고 있어요. 하지만 문제는 엄청난 강도와 온도로 끓고 있기에 새어 나오는 김까지는 감당하기 벅찰 때가 있다는 거예요. 이때 피어오르는 김의 강도와 온도가 바로 '야한 생각' 혹은 '몸의 생리적 반응'이라고 할 수 있어요.

그런데 여러분, '성'은 하나님께서 인간에게 주신 멋진 선물 중의 으뜸이라고 할 수 있어요. 세상을 살아가면서 흑백논리의 시각도 때로는 필요하겠지만, 개인적으로 그보다 더 지혜롭고 필요한 시각은 일곱 색깔 무지개가 조화를 이루는 것처럼 모든 상황을 조화롭게 바라볼 수 있는 시각이라고 생각해요. 즉, 여러분이 음란이라고 족쇄를 채워서 무작정 나쁘게만 여기는 야한 생각은 다른 한편으로 여러분이 정신적으로나 육체적으로 매우 건강하다는 신호이기도 하다는 거예요. 그러니까 이제부터는 크리스천 청년으로서 야한 생각에 대해서 이렇게 대처하면 좋겠어요.

첫 번째는, 여러분들의 생각에 '새로고침'이라는 버튼을 누르는 거예요. '야한 생각은 곧 음란이고 죄이다'가 아니라 '야한 생각은 하나님이 청년의 때에 선물로 주신 충만한 에너지이다'라는 긍정의 마인드로 전환하는 거죠. 두 번째는, 평소에 주로 접하는 콘텐츠가 다소 선정적인 것은 아닌지 객관적인 기준을 가지고서 점검해 보는 거예요. 때때로 인간의 생각은 의식보다 무의식에 영향을 더 많이 받는다고 해요. 일상 속에서 선정적인 콘텐츠를 많이 접하게 되면, 습관적으로 야한 생각을 더 많이 할 수밖에 없는 것은 기정사실이에요. 그러니까 평소에 어떠한 콘텐츠를 접할 때 그것이 '선정적인 콘텐츠인가?', '이걸 본 후에 나한테 부정적인 잔상을 남기지는 않을까?'를 항상 염두에 두면서 선별적으로 접하는 것을 권해요.

야한 생각 자체는 잘못된 게 아니에요. 하지만 스스로 잘못되었다고 느끼고, 그 생각 때문에 일상생활과 신앙생활까지 흔들리는데도 그것을 단절하지 못한다면, 그때부터는 문제가 될 수 있어요. 개가 토한 것을 다시 먹고, 돼지가 씻었는데 다시 더러운 구덩이로 들어간다고 하는 베드로후서 2장 22절 말씀처럼, 스스로가 단절하지 못한다면, 긍정적인 마인드는 일순간에 사악한 면죄부가 되고 말아요. 성경은 이런 습관적이고 반복적인 죄에 대해서 엄중히 경고하고 있다는 점을 꼭 가슴에 담아 두시고 기억하시길 바라요.

056

당신은 약하지 않다
지금 당장 강하지 않을 뿐이다

마태복음 10장 29절과 누가복음 12장 6절 상반 절에서 예수님은 당시 참새의 가치에 대해서 이렇게 말씀하고 있어요. "참새 두 마리가 한 앗사리온에 팔리지 않느냐?" "참새 다섯 마리가 두 앗사리온에 팔리는 것이 아니냐?" 당시 '한 앗사리온'은 하루 품삯이었던 한 데나리온의 16분의 1에 해당하는 가치였다고 해요. 가난했던 이스라엘에서 하루치 품삯이라고 해 봐야 얼마 되지 않는 돈이었을 것이 분명한데, 그 미미한 액수의 16분의 1이라고 하니 참새 두 마리의 값은 참으로 하찮기 그지없는 가치라고 할 수 있었죠.

그런데 예수님께서 하신 두 말씀 사이에 뭔가 이상한 셈법이 있음을 발견할 수 있어요. '한 앗사리온'에 참새 두 마리가 팔렸다고 한다면, '두 앗사리온'에는 참새 네 마리가 팔리는 것이 맞는 셈법인데, 다섯 마리가 팔린다는 거예요. 세상에나! 싼 가격에 팔리는 것도 모자라 심지어 한 마리는 덤이라는 이름으로 계산에도 들지 못하는 '잉여' 취급까지 당하다니…. 타인에 의해 가치가 절하된 참새의 처지가 서글프기 짝이 없어요. 세상을 살아가다 보면 '지금 내 형편이 딱 봐도 참새 같은 처지인데?'라는 생각이 들 때가 있어요. 잉여 취급을 당하고 있다는 생각이 들 만큼 존재 감이 제로여서 자존감이 바닥을 칠 때가 있죠.

  그럴 때면 "아… 나는 왜 이렇게 볼품없고 약하지? 내 가치는 그저 덤으로밖에 여겨지지 않는 하찮은 것인가?"라는 한탄이 입 밖으로 연신 터져 나오곤 해요. 하지만 참새와 같은 우리에게도 반전을 꾀할 수 있는 마지막 히든카드가 한 장 있어요. 우리의 주인 되시는 분께서 약속해 주신 말씀이 있거든요. "너희 아버지께서 허락하지 아니하시면 그 하나도 땅에 떨어지지 아니하리라. 하나님 앞에는 그 하나도 잊어버리시는 바 되지 아니하도다." 그러니 지금 당장 약하다고 주눅 들지 마세요. 약한 것이 아니라 지금 당장 강하지 않은 것뿐이니까요. 여러분은 머리털까지도 다 세고 계시는 주님의 영향력 아래에서 때가 차기를 기다리고 있는 '유망주'라는 사실을 잊지 마세요. 주님의 유망주답게 이렇게 외쳐 보세요. "나는 약하지 않다. 다만 지금 당장 강하지 않을 뿐이다."

영감톡 청년들은
자신의 뿌리를 하늘에 두고 살아가며,

언제나 주님의 음성이 들릴 때
문을 활짝 열어 줄 수 있는 사람이기를 바랍니다.

평범이라고 쓰고 기적이라고 읽는다

지인 중에 교통사고 후유증 때문에 한쪽 다리가 약간 휘어진 상태로 생활을 해 온 분이 계셨어요. 그래서 항상 마음속으로 '하나님, 제 다리 좀 곧게 펴질 수 있도록 고쳐 주세요'라고 기도를 했다고 해요. 그런데 그러던 어느 날 그분이 또 사고를 당했다는 소식을 전해 들었어요. 엎친 데 덮친다고, 휘어진 다리 무릎 인대가 완전히 파열되는 사고였어요. 어쩔 수 없이 인공 인대를 삽입하는 수술을 받아야만 했죠. 얼마나 상심이 클까 걱정하며 병문안을 갔는데, 그분이 절뚝거리는 다리와는 달리 얼굴에 해바라기와도 같은 함박웃음을 가득 띈 채 저를 맞이하는 것이었어요. 놀랍게도 그분이 제일 먼저 하신 말씀은 이거였어요. "남 목사, 내 기도가 응답되었어. 기적이 일어났어!" 알고 보니, 인공 인대를 삽입하는 수술을 받고 난 후 휘어졌던 다리가 반듯해졌다는 거예요.

나중에 알게 된 사실이지만, 전문가의 의학적 소견에 의하면 그건 기적이 아니었어요. 의학적 기술로 당연히 그렇게 될 수밖에 없었던 지극히 당연하고 평범한 일이었던 거죠. 하지만 그분의 생각은 확고했어요. "누구

영감톡

도 평범함을 기적이라고 말하지 않지. 하지만 아무나 평범함 속에 담긴 기적을 발견할 수는 없어.” 저는 그렇게 말하는 그분을 보면서 문득 오랜 시간 품고 있었던 의문점에 대한 저만의 답을 찾을 수가 있게 되었어요. '광야 생활을 하며 하나님의 놀라운 이적과 기적을 경험했음에도 불구하고, 이스라엘 백성들은 왜 하나님을 향해 불평하고 불신했던 것일까?'라는 의문점에 대한 지극히 주관적인 저만의 답이었죠.

제가 찾은 저만의 답은 이거였어요. 하나님의 이적과 기적이 너무도 평범하기 그지없이 그들의 삶에 자연스럽게 스며든 것은 아니었을까? 그래서 갈렙과 여호수아를 제외한 절대다수의 사람들이 평범함이라는 옷을 입은 하나님의 기적을 보며, 매번 “이 일은 이런 환경과 상황에서 당연하게 일어날 수 있는 거야”라고 단정 지었기에 결국은 돌이킬 수 없는 파국을 맞이한 것은 아니었을까? 여러분은 “누구도 평범함을 기적이라고 말하지 않지. 하지만 아무나 평범함 속에 담긴 기적을 발견할 수는 없어”라는 말에 얼마나 공감하시나요? 혹시 나의 얕은 소견을 앞세워 여러분 삶 속에 스며들고 있는 하나님의 놀라운 기적과 이적을 평범함이라고 치부하고 있지는 않나요? 이제 다시 한번 되짚어 보세요. 평범함이라 여기고 있지만 실제로는 기적적인 일들이 여러분의 삶에 가득 차 있으니까요.

풍족한 곳간을 비울 때 비로소 일어나는 일

"한 부자가 그 밭에 소출이 풍성하매 심중에 생각하여 이르되 내가 곡식 쌓아 둘 곳이 없으니 어찌할까? 내가 이렇게 하리라 내 곳간을 헐고 더 크게 짓고 내 모든 곡식과 물건을 거기 쌓아 두리라 영혼아 여러 해 쓸 물건을 많이 쌓아 두었으니 평안히 쉬고 먹고 마시고 즐거워하자 하리라." 누가복음 12장 13-19절에 등장하고 있는 한 부자의 독백이에요. 차고 넘치는 풍족함에 한껏 만족해하는 모습, 어쩌면 현대인들의 절대다수가 추구하고자 하는 행복의 '롤 모델'이라고 할 수 있지 않을까요? 하지만 예수님은 21절에서 "자기를 위하여만 재물을 쌓아 두고 하나님께는 부요하지 못했다"라고 평하시며, 부자의 독백을 향해 매정하다고 할 만큼 매몰차게 일침을 가하셨어요.

엄밀하게 말해서, 부자의 많은 소출은 결코 혼자서 이룬 게 아니었어요. 부자와 많은 이들이 협력하여 일궈 낸 소중한 결과물이었죠. 그러나 부자는 그들의 땀과 노력을 냉혈한같이 외면했던 거예요. 곳간을 헐고 새로 크게 짓겠다는 건 조금도 나누거나 베풀지 않고 모든 것을 독차지하겠다는 의미예요. 반면 하나님을 섬긴다는 건 하나님처럼 이웃을 사랑하며 섬긴다는 의미와도 같아요. 이러한 틀에서 보면 부자는 이웃 사랑을 철저하게 외면한 것이고, 결국 하나님을 향한 섬김을 헌신짝 버리듯 저버린 거예요.

부자는 분명 하나님으로부터 풍부함이라는 귀한 복을 받은 사람이었어요. 그러나 그 복을 혼자만 차지하려고 하다 보니 치명적인 독이 되어 돌아온 거예요. 오로지 "내 영혼아 여러 해 쓸 물건을 많이 쌓아 두었으니 평안히 쉬고 먹고 마시고 즐거워하자"라고 자신만의 풍족함에 만족해하며 정작 부족함에 허덕이는 소외된 자에게는 냉수 한 그릇도 대접하지 않는 인색함을 드러냈기 때문이었죠. 영감톡 청년 여러분, 하나님으로부터 풍족함이라는 복을 받고 싶으신가요? 그렇다면 먼저 선한 사마리아인과 같이 부족함으로 허덕이고 있는 이들의 안타까움을 먼저 어루만져 줄 수 있는 사람이 되세요. 내가 가진 기름과 포도주를 기꺼이 먼저 내어 줄 수 있는 사람이 되세요. 여러분이 이웃을 위해 곳간을 비워 낸다면 하나님은 그 곳간을 가득 채워 주실 거예요.

우리는 삶의 뿌리를 하늘에 두고 사는 존재

오래전에 "볼지어다. 내가 문밖에 서서 두드리노니 누구든지 내 음성을 듣고 문을 열면 내가 그에게로 들어가 그와 더불어 먹고 그는 나와 더불어 먹으리라"라는 요한계시록 3장 20절 말씀과 관련된 기독교 관련 그림을 본 적이 있어요. 특이했던 점은, 예수님이 서 계시는 쪽 문에는 여닫는 손잡이가 없었다는 점이에요. 그 그림대로라면, 예수님이 집 안으로 들어가실 수 있는 유일한 방법은 안에 있는 사람이 문을 열어 주는 거였죠. 그런데 만에 하나라도 집 안에 있는 사람이 예수님의 목소리를 알아듣지 못하는 상황이 발생하면 어떻게 되는 건가요? 두말할 나위 없이 못 들어가시는 거겠죠. "어떻게 예수님 목소리를 알아듣지 못할 수가 있어? 말도 안 되는 소리를 하고 있네"라고 펄쩍 뛰는 사람도 있을 거예요.

왜냐하면, 자신은 일요일이라는 특정 날짜에 교회라는 특정 공간에서 예배라는 특정 행위를 하고 있으니, 한 치의 의심도 없이 자신이 예수님의 목소리를 들을 수 있는 '양'이라고 확신하고 있기 때문이에요. 하지만 크리스천이라고 해서 예수님의 목소리를 항상 들을 수 있는 건 아니에요. 중요한 건 일요일에 교회에서 '예배를 드리는 것' 자체가 아니라 '우리의 뿌리를 항상 하나님께 두고 사는 거'예요. 양과 염소가 비슷해 보여도 본질은 다르듯이, 뿌리를 하나님께 두고 사는 사람과 '선데이 크리스천'의 본질 또한 엄연히 다를 수밖에 없어요. 목자의 음성을 듣지 못하는 양은 '양'이 아니라 양인 척하는 '염소'와도 같다는 말이죠. 달랑 일요일 하루만 양으로 살아가고자 하는 민감함으로는 염소처럼 살아가는 나머지 요일의 무뎌짐을 아우르기가 어려워요. 스스로를 양이라 확신하면서도 문밖에서 부르시는 예수님의 목소리를 종종 알아듣지 못하는 '웃픈' 상황이 이래서 발생하는 거예요.

요한복음 15장 1절에서 예수님은 "나는 참포도나무요. 내 아버지는 농부다"라고 말씀하셨어요. 예수라는 포도나무는 그 뿌리를 농부 되시는 하늘 아버지께 두고 가지를 뻗고자 하셨죠. 그렇다면 예수라는 포도나무에서 뻗어 나와야 하는 가지는 어떤 가지여야 할까요? 그리고 그 가지는 어떤 열매를 맺어야 하나요? 여러분은 현재 양인가요? 아니면 양인 척하는 염소인가요? 이 땅에서 살아가고 있지만, 그 뿌리를 하늘에 두고 살아가고 있나요? 이 땅에서 살아간다는 핑계로 땅속 깊이 뿌리를 내리고 있지는 않나요? 우리 영감톡 청년들은 자신의 뿌리를 하늘에 두고 살아가며, 언제나 주님의 음성이 들릴 때 문을 활짝 열어 줄 수 있는 사람이기를 바랍니다.

크리스천 청년들이 술담배를 해도 되나요?

현재 대한민국 대부분의 교회에서는 술과 담배를 금기시하고 있어요. 심지어는 술과 담배는 기독교와 상극이라 여기며 '죄'라고까지 단정 짓고 있죠. 그러한 여파로 인해 교회를 다니면서도 여전히 술과 담배를 끊지 못하고 있는 크리스천들은 꼬리표처럼 따라다니는 '죄'라는 단어에 압박감을 느끼곤 해요. 그런데 교회에서 금기시하고 있는 것을 하는 것이 '죄'라고 한다면 성경에서 금기시하고 있는 것을 하는 것은 뭐라고 해야 하나요? '죄악'이라고 해야 하나요? 레위기 11장에는 정한 짐승과 부정한 짐승에 대해서 말씀하고 있어요. 그중 7-8절에서는 이렇게 말씀하고 있죠. "돼지는 굽이 갈라져 쪽발이로되 새김질을 못하므로 너희에게 부정하니 너희는 이러한 고기를 먹지 말고 그 주검도 만지지 말라. 이것들은 너희에게 부정하니라."

어때요? 지금껏 삼겹살을 맛있게 먹어 온 크리스천분들, 성경에서 금기시하고 있는 것을 어긴 심정이? 죄악이라고 단죄하면 흔쾌히 받아들이실 수 있나요? 고린도전서 8장 4절에서 바울 사도는 우상에게 바친 제물을 먹어도 되느냐는 논쟁에 대해 우상은 아무것도 아니니 그 제물을 먹는 것 또한 아무 문제가 되지 않는다고 말했어요. 그런데 9절에서는 "너희의 자유가 믿음이 약한 자들에게 걸려 넘어지는 것이 되지 않도록 조심하라"라고 당부하고 있죠. 그러면서 13절에서는 "만일 음식이 형제를 실족하게 한다면 나는 영원히 고기를 먹지 아니하여 내 형제를 실족하지 않게 하리라"라고 실질적인 방안을 제시했어요. 이러한 바울의 방안을 크리스천이 술·담배를 하는 것과 연결해 본다면, 신앙의 '노블레스 오블리주'라는 측면에서 절제의 미덕을 보이라는 것으로 해석할 수 있는 거예요.

저도 바울 사도의 의견에 전적으로 동의해요. 굳이 제 사견을 더해서 풀어 보자면, 담배는 백해무익(百害無益)하니 신앙과는 관계없이 건강을 위해서라도 할 수만 있으면 끊는 것이 좋겠다고 말씀드리고 싶고, 술은 디모데전서 5장 23절에서 "네 위장과 자주 나는 병을 위하여는 포도주를 조금씩 쓰라"라는 바울의 조언을 해석의 기준으로 삼으라고 말씀드리고 싶네요. 병의 치료를 위해 적절한 양의 포도주를 사용했듯 건전하고 명분 있는 목적과 이유에 맞는 선한 도구로써 지혜롭게 사용하라는 거예요. 사람이 술을 먹다가, 술이 술을 먹고, 결국은 술이 사람을 먹는다는 말이 있어요. 이러한 세상의 저급한 음주 행태가 아니라 "이 포도주는 내 사랑하는 자를 위하여 미끄럽게 흘러내려서 자는 자의 입을 움직이게 하느니라"라는 아가서 7장 9절의 말씀처럼, 사랑의 묘약, 소통의 묘약으로 활용할 수 있는 우리 영감톡 청년들이 되기를 바랍니다.

PART 4
연애, 결혼

" 내 살 중의 살,
　뼈 중의 뼈를 만나고픈
　크리스천의 청년들을 위해 "

연인에게 꼭 해 줘야 하는 말

"행복하다고 말하는 동안은 나도 정말 행복해서 마음에 맑은 샘이 흐르고, 고맙다고 말하는 동안은 고마운 마음이 새로이 솟아올라 내 마음도 더욱 순수해지고, 아름답다고 말하는 동안은 나도 잠시 아름다운 사람이 되어 마음 한 자락 환해지고, 좋은 말이 나를 키우는 걸 나는 말하면서 다시 알지." 이해인 수녀님이 쓰신 〈나를 키우는 말〉이라는 시예요. 저는 개인적으로 "고맙다고 말하는 동안은 고마운 마음이 새로이 솟아올라 내 마음도 더욱 순해지고"라는 구절이 가장 마음에 와닿았어요. 사랑하는 사람 사이에 해야 할 말들이 참 많죠. 그중에서도 연인에게 꼭 해야 할 말은 바로 '고마워'라고 생각해요. '뭐야, 별거 아니네'라고 생각하실 수도 있을 거예요.

하지만 곰곰이 생각해 보세요. 여러분은 연인에게 얼마나 자주 고맙다고 표현하시나요? "먼저 연락해 줘서 고마워", "네가 맛있는 음식을 만들어 줘서 고마워"라고 말이에요. 가끔은 너무 가까워서 마음속 깊은 얘기를 꺼낼 필요가 없다고 생각해 본 적은 없나요? 상대의 사랑을 당연시했던 적은 없었나요? 아니, 오히려 "그것 좀 해 줬다고 되게 생색내네"라든지 "이 정도는 당연한 거 아니야?"라고 말한 적은 없었나요?

잠언 4장 24절은 우리 입에서 나오는 말에 대해서 이렇게 교훈을 주고 있어요. "구부러진 말을 네 입에서 버리며 비뚤어진 말을 네 입술에서 멀리하라." 좋은 말은 '나'와 '너' 모두를 행복하게 하는 말이지만 너무 가깝다는 이유로 등한시할 때가 많아요. 하지만 연인 사이에서 이러한 표현은 여러분이 생각하는 것보다 훨씬 더 중요하고 영향력이 커요. 이해인 수녀님의 글에서도 알 수 있듯이 구부러진 말을 버리고, 비뚤어진 말을 멀리하면 여러분 곁에 행복이 머무르게 돼요.

말에는 힘이 있어서 비슷한 온도의 감정을 머물게 하거든요. 딱 한 번만 고마움을 고백해 보면 지금까지 머뭇거린 시간들이 아깝게 느껴질 거예요. 그래서 "고마워"라는 말은 여러분의 감정을 계속해서 확장시켜요. "좋은 말이 나를 키우는 걸 나는 말하면서 다시 알지"라는 구절처럼, 여러분 마음에 사랑스러운 말들이 샘솟게 하죠. "고마워"를 시작으로 "사랑해", "네가 너무 소중해" 등등 나를 키우고 상대방을 행복하게 하는 말들이 얼마나 많은지를 말하면서 배우게 해요. 그러니 지금부터라도 "고마워"라는 감정의 표현을 사랑하는 이에게 전달해 보세요. 여러분의 사랑하는 이가 여러분에게도 아주 따뜻하게 답변해 줄 거예요.

크리스천이 아닌 사람과 하는 결혼

저는 목사이기에 교회 안에서 신앙, 믿음이라는 추상명사를 귀에 딱지가 앉을 만큼 자주 듣고 있어요. 하지만 예배 후 차를 일찍 빼 주지 않는다고 성질을 내는 교인이나 이기주의와 개인주의에 빠져 있는 적지 않은 교인들을 볼 때면 그들이 입에 달고 사는 믿음과 신앙이 무엇인지 묻고 싶을 때가 많아요. 물론 저와 같은 목사들도 결코 자유로울 수는 없지만 말이에요. 그럴 때마다 신앙이 곧 인격은 아니라는 생각이 들곤 해요. 기독교 신앙을 가지고 있음이 곧 인격적으로 성숙하다는 걸 의미하는 것은 아니라는 말이죠. "어떤 사람이 말하기를 너는 믿음이 있고 나는 행함이 있으니 행함이 없는 네 믿음을 내게 보이라. 나는 행함으로 내 믿음을 네게 보이리라 하리라"(약 3:18). 두 단어의 상관관계를 보면 믿음은 행함을 포함할 수가 없지만, 행함은 믿음을 얼마든지 포함할 수가 있음을 알 수가 있어요. 그렇다면 인격과 신앙의 관계는 어떨까요?

이렇게 한번 바꿔서 읽어 볼게요. "어떤 비기독교인이 말하기를 너는 신앙이 있고 나는 인격이 있으니, 인격이 없는 네 신앙을 내게 보이라. 나는 인격으로 내 신앙을 네게 보이리라 하리라" 이렇게 바꿔서 생각해 보면, 여러분은 인격과 신앙 중 무엇이 무엇을 포함한다고 생각하나요? 물론 여러분이 함께하고자 하는 사람이 신앙도 있고, 인격도 훌륭하다면 그야말로 금상첨화겠지요. 하지만 때때로 살아가다 보면 선택이라는 걸 할 때가 있잖아요. 그 선택지에 종종 '신앙 혹은 인격'이라는 갈등도 등장할 거예요. 어떤 선택을 할 것인가는 온전히 스스로의 몫이겠지요. 하지만 이 것 하나만은 명심하기를 바랄게요.

이제껏 목사로서 제가 지켜본 바로는 인격은 신앙을 충분히 포용할 수 있지만, 신앙만으로는 인격을 포용할 수 없더군요. 신앙이 없는 인격은 최소한 당신의 신앙을 존중하고 배려할 수 있는 여지를 가지고 있지만, 인격이 미성숙한 신앙은 그 신앙으로 당신을 찌를 수도 있어요. 부득이하게 인격과 신앙 둘 중의 하나만을 선택해야 한다면 목사임에도 불구하고 저는 인격을 선택하라고 조언하고 싶네요. '어? 어떻게 목사가 신앙을 보지 말라고 하지?'라고 하며 의아해하실 분도 계시겠지만, 다시금 목소리 높여 조언할게요. 평생을 함께할 배우자를 고를 때 절대로 '신앙만' 보고 고르는 어리석은 선택은 하지 않기를 바랄게요. 꼭 '인격'을 보시고 배우자를 선택하세요.

063

좋은 부모가 되는 네 가지 방법

"또 아비들아, 너희 자녀를 노엽게 하지 말고 오직 주의 교훈과 훈계로 양육하라." 에베소서 6장 4절은 좋은 부모가 되는 방법을 이렇게 말하고 있어요. 그런데 저는 이 말씀이 "좋은 부모가 되려고 하거든 먼저 좋은 남편부터 되어야 한다"라는 말로 들렸어요. 그래서 저는 좋은 남편이 되기 위해서 아내가 임신했을 때부터 육아를 하는 과정까지 모두 함께했어요. 이때 중요한 건 절대 '도와주는 일'로 생각하면 안 된다는 점이에요. 누군가는 마땅히 해야 할 일이고, 나 또한 당연히 해야만 하는 일이라고 인식하고자 노력해야 해요. 좋은 남편이 되면 좋은 가정이 꾸려질 것이고, 자연스럽게 좋은 부모가 될 수 있는 기반이 만들어질 거라고 생각했던 거죠.

저는 에베소서 말씀이 "소소한 추억을 꾸준히 쌓아라"라고 하는 말씀으로도 들렸어요. 여기서의 핵심은 '소소한 추억'과 '꾸준히'예요. 그 안에 부모와 아이들 사이의 교감이 있어야 추억이라고 할 수 있어요. 하루아침에 얻으려는 냄비 근성으로는 절대 좋은 부모가 될 수 없어요. "오늘 유치원에서는 뭐 했어?"를 꾸준히 물어봐 줘야 이후에 "요즘 회사는 어떠니?"도 가능한 거예요.

또한 "체력을 길러야 한다"라는 의미로도 다가왔어요. 혹시 주말만 되면 쉬고 싶어지거나, 아이들의 작은 짜증에도 분노가 치민다면 아이들을 탓하기 전에 내 신체와 정신이 건강한지부터 돌아봐야 해요. 대부분 짜증과 분노는 내가 건강하지 않을 때 나타나거든요. 따라서 좋은 부모가 되고 싶다면 부모가 해야만 하는 귀찮고 힘겨운 수많은 일들을 버텨 줄 체력부터 길러 놓아야 해요.

마지막으로 "사랑을 듬뿍 주어야 한다"라는 가르침으로도 들렸어요. 부모의 충분한 애정은 자녀가 세상의 위험으로부터 스스로를 보호하는 힘을 주기도 하는 중요한 일이에요. 이때 '위험'이란, 가스라이팅, 언어폭력, 무례함 등을 의미해요. 사랑을 많이 받고 자란 아이들은 이러한 위험을 더욱 예민하게 구분할 수 있는 분별력이 생겨요. 부모가 사랑을 많이 줄수록 사랑의 기준점이 높아지기 때문이죠. 집에서 대접받고 자란 아이한테 무례한 행동이 당연하게 여겨질 리가 없어요. 좋은 부모가 되고 싶다면 아이들에게 높은 사랑의 기준점을 만들어 주세요. 좋은 부모가 되기 위해서는 금방 끓어오르고 식는 냄비 근성이 아닌, 서서히 그러나 오래가는 가마솥과 같은 사랑이 필요한 거예요. 이렇게 하나님이 주신 사랑을 자녀에게 물려준다면 자녀들이 세상에 하나님의 사랑을 전할 수 있게 되어 하나님 사랑이 가득한 세상을 만드는 데 조금이나마 도움이 될 거예요. 말씀과 사랑 안에서 자녀들을 돌볼 줄 아는 참되고 좋은 부모가 되길 기도할게요

064

크리스천 커플은 이렇게 이별하세요

"크리스천 커플들의 이별, 하나님의 뜻과 때가 아닌 줄로 알고 순종함으로 받아들여야 하는지 고민입니다." 지금까지 이런 고민 상담을 심심치 않게 받아 오고 있어요. 여러분의 연인이 취향이나 성격이 잘 맞고 여러분에게 배려와 사랑을 아낌없이 듬뿍 주는 사람이라고 가정해 볼게요. 그런데 느닷없이 하나님이 나타나셔서 "너희가 헤어지는 것이 나의 뜻이다"라고 말씀하신다면, 묻지도 않고 따지지도 않고 곧바로 "예, 하나님이 말씀하셨으니 순종함으로 헤어지겠습니다." 이렇게 말하고 단박에 헤어질 건가요? 그렇게 헤어질 수 있나요? 하나님을 믿고 살아간다고 할지라도 종종 세상 속에서 슬프고 힘든 일을 겪을 때도 있어요. 그러나 하나님의 근본적인 뜻은 새드 엔딩보다는 해피 엔딩에 가까워요. 연인, 가족, 공동체, 친구 이 모든 관계에서 하나님을 사랑하는 사람들이 모여 합력하여 선을 이루는 것이 그분의 뜻이라는 거예요.

그러나 하나님은 하나님의 뜻을 강요하거나 억압적으로 이루려 하지 않으시는 분이세요. 대신 하나님은 우리에게 선택하고 결정할 수 있는 자유

의지를 주셨어요. 어쩔 수 없이 크리스천 커플이 이별을 해야만 한다면, 이는 온전히 둘의 선택에 달려 있어요. 신중하게 고심하고서 내린 결정이라면, 하나님도 그 결정에 대해 인정해 주실 거예요. 혹여 상대방을 이해하기 싫어졌거나 내 욕심과 자존심 때문에 "우리가 헤어지는 게 하나님의 뜻이야"라고 핑계 삼으며 헤어지는 건 아닌가요? 내 부족함과 이기적인 생각을 하나님의 뜻이라는 명분으로 합리화하는 건 아닐까요? 그럼에도 불구하고 헤어지는 것밖에는 답이 없다고 판단이 된다면 배려하며 대화를 충분히 나눈 뒤에 성숙한 이별을 하길 바랍니다. 그리고 다시 새로운 인연을 만나고자 할 때, 앞서 했던 실수들을 되풀이하지 않도록 더욱 신중해야 해요.

창세기 3장 12절에 의하면, 아담은 자신의 잘못을 이렇게 둘러대요. "아담이 이르되 하나님이 주셔서 나와 함께 있게 하신 여자 그가 그 나무 열매를 내게 주므로 내가 먹었나이다." 자신이 사랑하는 여인을 감싸 주고 대변해 주지는 못할망정, 궁색한 변명을 하는 모습이에요. 나는 헤어지기 싫었는데 상대방 때문에 어쩔 수 없이 헤어질 수밖에 없었다는 무논리와 비슷한 맥락이죠. 여러분만큼은 아담의 이 궁색한 변명처럼, 하나님의 뜻을 사사로이 사용하지 않기를 바랄게요. 정말로 이별밖에 답이 없다면 이 또한 성숙하게 하는 크리스천들이 되기를 바라요.

지금부터라도 "고마워"라는 감정의 표현을
사랑하는 이에게 전달해 보세요.

여러분의 사랑하는 이가 여러분에게도
아주 따뜻하게 답변해 줄 거예요.

잘못된 배우자 기도, 예시 세 가지

"여호와 하나님이 이르시되, 사람이 혼자 사는 것이 좋지 아니하니 내가 그를 위하여 돕는 배필을 지으리라." 창세기 2장 18절 말씀과 같이, 장성한 남자와 여자가 만나서 서로에게 좋은 배필이 되어 주는 것은 너무도 아름다운 관계라고 할 수 있어요. 그래서 크리스천 청년들은 이 복스러운 관계를 잘 맺고 싶어서 배우자 기도를 해요. 그런데 아쉬운 점은 종종 그 배우자 기도가 과녁을 벗어난 화살이 될 때가 있다는 거예요. 과녁을 벗어난 화살 같은 기도가 뭐냐고요? 핵심에서 벗어나 곁가지들에 눈길을 빼앗긴 기도라고 표현하고 싶네요. "하나님이 인정하는 좋은 사람을 만나게 해 주세요." 언뜻 들으면 FM에 가까운 너무도 당연한 배우자 기도죠. 그런데 이 기도 안에 내가 먼저 그런 사람이 되게 해 달라는 기도가 들어 있었나요? 내가 먼저 하나님이 인정하시는 좋은 사람이 되게 해 달라는 간구와 그런 사람이 되겠다는 결단과 의지가 담겨 있었느냐는 것이죠.

"교회 다니는 사람을 만나게 해 주세요." 이 기도는 크리스천으로서 더 당연한 것 같아요. 그런데 로마서 2장 28-29절에서는 "무릇 표면적 유대인이 유대인이 아니요. 육신의 할례가 할례가 아니다. 오직 이면적 유대인이 유대인이며 할례는 마음에 할지니"라고 말씀하고 있어요. 교회 다니는 사람을 만나게 해 달라고 기도할 것이 아니라 여러분의 삶이 배우자에게 선한 영향력을 끼치게 해 달라고, 나를 통해 하나님을 만나게 해 달라고 기도해야 한다는 거예요. "경제적 조건을 보는 건 세상의 기준 같아서 거북해"라고 생각하셨나요? 물론 가난이 부끄러운 것은 아니지만 그렇다고 해서 신앙인의 미덕이라고 말할 수도 없어요. 삶을 살기 위해서는 경제적 능력이나 조건을 전혀 고려하지 않을 수는 없어요. 오히려 경제적 기반이 탄탄하면 이웃에게 여유롭게 베풀 수도 있고, 안정적인 신앙생활을 할 수도 있어요.

다만 "채소를 먹으며 서로 사랑하는 것이 살진 소를 먹으며 서로 미워하는 것보다 나으니라"라는 잠언 15장 17절 말씀처럼 경제적 조건만 좇느라 좋은 사람을 놓친다거나 크리스천으로서 역할을 놓치는 어리석은 사람이 된다면 그것은 문제이겠지요. 평생을 함께해야 할 사람을 만나기 위한 기도이기에 배우자 기도는 매우 신중하게 해야 한다고 생각해요. 그런데 자신을 먼저 성찰하지 못하고 내면을 들여다보며 객관화하지 못하는 배우자 기도는 공허한 메아리에 불과하다는 것을 명심했으면 좋겠어요. "이런 사람 만나게 해 주세요"라는 기도 이전에 "이런 사람이 되게 해 주세요"라는 기도와 삶으로의 결단이 올바른 배우자 기도를 하는 모습이에요. 자신을 먼저 성찰하여 '돕는 배필'이 되기 위해 노력하는 여러분이 되기를 바랍니다.

좋은 사람을 만날 수 있는 가장 좋은 방법

"현상은 복잡하지만, 그 원리는 매우 단순하다"라는 말이 있어요. 흔히 들 좋은 사람을 만나기 위해서는 여러 기준과 조건을 맞춰야 한다고 하지만, 가장 중요한 핵심은 내가 먼저 좋은 사람이 되는 것 아닐까요? 관계란 서로의 모습을 투명하게 비추는 호수와도 같아서, 내가 먼저 좋은 사람이 되어야만 상대방이 가진 좋은 모습을 발견할 수 있는 법이거든요.

예수님은 마태복음 7장 12절을 통해 그 방법을 이렇게 말씀하고 있어요. "그러므로 무엇이든지 남에게 대접을 받고자 하는 대로 너희도 남을 대접하라." 그런데 여러분, 좋은 사람은 만나기도 하는 것이지만 때로는 만들어지기도 한답니다. 좋은 사람이 만들어지는 과정은 보통 많은 기다림을 필요로 해요. 물론 내가 상대에게 좋은 사람이 되어 주려고 하는 만큼 상대도 같은 마음의 크기를 내어 주면 행복하겠죠. 그러나 내가 생각했던 속도보다 다소 뒤떨어지게 반응하더라도 개의치 말고 기꺼이 감수하며 좋은 사람이 되는 것을 포기하지 마세요. 진정한 사랑은 가능성을 가지고 있는 상대를 기다림 가운데 온전히 바라봐 주는 것이니까요.

동그라미라는 내 기준에 맞춰서 상대를 본다면 어긋나는 모서리로 가득해 보일 수 있지만, 있는 그대로 바라본다면 반듯하고 예쁜 네모로 보일 수도 있다는 걸 항상 기억해야 해요. 내가 생각한 좋은 사람의 기준에 맞춰서 무조건 상대를 판단하고 재촉해서는 안 된다는 말이에요. 그렇게 좋은 사람으로서 옆을 지켜 줄 때, 상대방은 좋은 사람으로서 조금씩 다듬어지고 만들어질 거예요. 아무리 하찮고 작은 것이라고 할지라도 연인의 장점을 찾아 어여삐 여겨 주세요. 사랑이란, 한 사람을 우주와 같은 존재로 확장시키는 힘이 있어요. 여러분이 연인을 이해하는 폭이 그 사람의 실제 폭이 된다는 거죠. 여러분이 사소한 농담에도 활짝 웃어 주면, 여러분의 연인은 유머가 넘치는 사람이 되고, 여러분이 연인의 말이 지적(知的)이라고 존중해 주면, 그 사람은 세상 누구보다도 지성이 넘치는 사람이 되는 법이에요.

시간이 흐르면서 진짜 '진국'인 사람임이 증명되는 사람이 있어요. 사랑하는 사람이 '좋은 사람'으로서 객관적인 가능성을 가지고 있다면, 여러분의 주관적인 신뢰와 믿음으로 사랑하는 이가 좋은 사람으로 만들어질 수 있도록 도와주세요. 그것이 살아가면서 좋은 사람을 만나는 좋은 방법 가운데 가장 확실한 방법이니까요.

신앙 공동체 안에서 연애해도 되나요?

얼마 전에 D.M. 하나를 받았어요. "목사님, 제가 출석하고 있는 교회 사모님은 연애를 결사반대하시는데, 크리스천은 연애하면 안 되는 건가요?"라는 질문이었어요. 이 질문에 대해 성경 말씀으로 답을 드릴게요. 하나는 "하나님이 자기 형상 곧 하나님의 형상대로 사람을 창조하시되 남자와 여자를 창조하시고"라는 창세기 1장 27절 말씀이고요. 다른 하나는 "여호와 하나님이 이르시되 사람이 혼자 사는 것이 좋지 아니하니 내가 그를 위하여 돕는 배필을 지으리라 하시니라"라는 창세기 2장 18절 말씀이에요. 이 두 말씀만 보더라도 연애란 자연스러운 현상임을 알 수 있어요. 조심스럽게 추측해 보자면, 아마 사모님이 반대하신 연애는 '의미 없는 연애'일 거예요. 서로를 깊이 알아 가고 교제하는 관계가 아닌 그저 즐기기 위한 가벼운 연애 말이에요.

이러한 가볍고 의미 없는 연애는 다음의 이유로 시작하곤 해요. 여러분이 가지고 있는 이유와 냉철하고 객관적으로 한번 비교해 보세요. 첫 번째, 다들 남자친구나 여자친구가 있으니까 나도 있어야 할 것 같아서. 두 번째, 단순히 외모가 내 스타일이어서. 세 번째, 그냥 외롭고 쓸쓸해서 함께 시간 보낼 사람이 필요해서. 물론 이런 것들도 사정에 따라 이유가 될 수는 있겠지만, 이렇게 시작한 연애는 깊은 관계까지 발전하지는 못해요. 자신의 기준에 따라 상대를 맘대로 재단하느라 끝내는 상처만 남기 때문이죠. 그래서 공동체에서의 연애는 어떠해야 하냐고요? 사랑을 '같은 곳을 함께 바라보며 함께 걷는 것'이라고 정의하기도 해요. 그렇기에 같은 신앙 공동체 안에서 같은 믿음의 길을 걸어간다면, 그것만큼 의미 있는 여정은 없다는 생각이 들어요.

다만 걱정이 되는 건, 남녀의 교제가 자연스럽게 '결혼'이라는 최종 종착지로 이어지지 않기도 한다는 점이에요. 특히 신앙 공동체에서는 둘 중 한 사람이 그 공동체를 떠난다든지, 아니면 둘 다 신앙을 버리거나 이탈하는 변수가 생길 수도 있어요. 그러니 의미 있는 연애는 노력하되, 신앙 공동체 안에서 연애를 하고자 한다면 조금 더 신중하고 조심스러운 판단을 하라고 당부하고 싶네요. 세상 연애보다는 조금 더 무거운 책임과 의무가 동반되기 때문이에요. 또한 세상 연애보다는 더 성숙해야 하고, 더 많은 것들을 배려해야 하기 때문이죠. 그러나 세상 연애보다 더 깊고 의미 있는 연애가 될 가능성은 매우 높으니, 신중하고 조심스럽게 결단했다면 당당하고 자신 있게 사랑의 꽃을 피워 보세요.

타인의 시선을 무작정 두려워만 하는 것이 아니라
지혜롭게 경청한다면,

그들의 시선은 질투와 비난에서
인정과 존경의 시선으로 바뀔 거예요.

068

연애할 때 말보다 행동이 중요한 이유

어느 마을에 부자가 살았어요. 그런데 그는 욕심이 많고 구두쇠로 소문이 나서 마을 사람들 사이에서 평판이 안 좋았답니다. 어느 날, 부자가 지혜로운 노인을 찾아가 물었대요. "어르신, 마을 사람들에게 제가 죽은 뒤에 전 재산을 불쌍한 이웃들에게 나눠 주겠다고 약속을 했는데도 사람들은 아직도 저를 구두쇠라고 미워하고 있는데, 어떻게 해야겠습니까?" 노인은 부자의 물음에 다음과 같은 이야기를 들려주었어요. "돼지가 젖소를 찾아가 하소연을 했다네. 너는 우유만 주는데도 사람들의 귀여움을 받는데, 나는 내 목숨을 바쳐 모든 것을 다 사람들에게 주는데도 왜 나를 좋아하지 않는 거지?" 그러자 가만히 듣고 있던 젖소가 돼지에게 대답하기를 "나는 비록 작은 것일지라도 살아 있는 동안 해 주지만, 너는 죽은 뒤에 해 주기 때문일 거야."

이야기를 듣고 있던 부자를 쳐다보면서 노인은 다시 말했어요. "지금 작은 일을 하는 것이 나중에 큰일을 하는 것보다 더 소중하네. 작고 하찮은 일이라도 지금부터 하나씩 해 나가는 사람만이 나중에 큰일을 할 수 있는 것이라네", "진실한 사람은 무성영화와도 같다"라는 말이 있어요. 진실한 사람은 소리가 없는 영화처럼 말보다 행동으로 자신의 마음을 보여 준다는 뜻이에요. "너무 보고 싶어! 사랑해", "이런 느낌이 든 적은 네가 처음이야", "넌 나에게 특별한 존재야", "널 위해 뭐든지 할 수 있어", "우리 오래 사귀다가 꼭 결혼하자." 어떤 사람은 이렇게 '내가 널 이만큼 사랑해!'라는 마음을 보여 주고 싶어 갖가지 형용사로 포장된 말을 쉼 없이 쏟아내곤 해요. 하지만 부자처럼, 거창하지만 말뿐이죠. 말뿐인 말은 신뢰가 쌓일 수 없고, 그 관계는 오래갈 수 없어요. "진실한 입술은 영원히 보존되거니와 거짓 혀는 잠시 동안만 있을 뿐이니라"라는 잠언 12장 19절 말씀처럼, 말뿐인 말은 거짓 혀와 같이 잠시 동안만 머물 뿐이니까요.

말과 관련하여 잠언 29장 20절에서는 이렇게도 말씀하고 있어요. "네가 말이 조급한 사람을 보느냐 그보다 미련한 자에게 오히려 희망이 있느니라." 말부터 앞세우는 사람은 앞뒤 사정과 적합성을 살피지 않고, 자신의 욕심이 우선인 사람과도 같기에 그는 미련한 사람보다 더 어리석으며 희망이 없다는 거죠. 사랑하는 내 연인과의 관계를 오래 지속하고 싶나요? 그렇다면 그 말에 책임을 지는 행함을 지금 증명하세요. 연인에게 신뢰와 믿음을 주는 방법은 99%의 가능성이 아니라 단 1%의 확실성일 때가 있어요. 그 1%의 확실성이 바로 '행동'임을 잊지 마세요.

069

연인에게 서운함을 현명하게 말하는 법

연애를 하다 보면 좋은 날도 있지만, 서로에게 서운한 날도 있을 거예요. 알아가는 만큼 불만도 생기고, 단점도 보이겠지요. 그럴 때마다 여러분은 이렇게 말할 거예요. "우리 대화 좀 해." 그런데 이 대화의 목적이 무엇이냐에 따라 결과는 달라져요. 두 가지를 보여 드릴 테니 여러분은 어느 쪽인지 생각해 보세요.

하나는 내 짜증을 티 내기 위한 대화예요. "너는 항상 연락을 안 해. 내가 그거 짜증 난다고 했지?" 즉, 비난과 짜증이 목적인 경우예요. 하지만 이런 말은 문제 해결에 도움이 되지도 않을뿐더러 사랑하는 사람에게 상처만 주게 돼요. 해서 유익이 되는 말과 행동이 있는가 하면 상황과 관계가 나빠지는 말과 행동이 있는데, 그것이 바로 짜증을 티 내기 위한 대화예요. 또 다른 하나는 우리의 문제를 해결하기 위한 대화예요. "나는 네가 연락을 안 할 때마다 불안하고 걱정돼. 한 번쯤은 내 생각도 해 주면 좋겠어." 이성적이고 논리적인 이유와 더불어 부드럽게 대화하며, 내가 옳다고 주장하는 것이 아니라 문제 해결과 관계 회복에 목적을 두고 있는 경우예요.

이런 대화는 누구도 상처받지 않고, 서로를 성숙하게 하죠.

"선한 말은 꿀송이 같아서 마음에 달고, 뼈에 양약이 되느니라." 저는 잠언 16장 24절 말씀을 대화의 길잡이로 삼고 있어요. 여러분은 어떤 목적으로 대화하고 있으신가요? 혹시 미성숙한 대화로 서로를 할퀴고 있지는 않으신가요? 만약 그렇다면, 앞으로 사랑하는 사람에게 여러분의 말이 선한 꿀송이와 양약이 될 수 있도록 부드럽게 여러분의 생각을 말해 보세요. 이미 내 입을 떠나 버린 말은 되돌리거나 주워 담을 수가 없어요. 또, 한번 연인의 마음을 다치게 하거나 상처가 나게 한 말은 시간이 지나면 없어지는 것 같아도, 실상은 상대방의 마음 깊은 곳에 소리 없이 박혀 있어요. 그리고 마음 깊은 곳에 소리 없이 박혀 있는 그 말은 두고두고 마음을 아리게 하고 아프게 하죠. 꿀송이와 같아서 마음에도 달고 뼈에 양약도 되는 말은 특별한 것이 아니에요. 마냥 달콤하고 듣기 좋은 말만이 아니라는 거죠. 그러나 냉소 섞인 비아냥과 진심이 담긴 쓴소리는 근본적으로 달라요.

어리석은 자는 자기의 노를 다 드러내어도 지혜로운 자는 그것을 억제한다고, 잠언 29장 11절은 말씀하고 있어요. 똑같은 상황이지만 대화의 기술이 있고 없고의 차이를 극명하게 보여 주고 있는 말씀이라고 할 수 있죠. 자기의 노를 쏟아내는 말은 연인에게 냉소 섞인 비아냥으로밖에는 들리지 않아요. 억제하는 지혜로움으로 하는 말이 비록 쓴소리일지라도 진심이 담겨 있기에 꿀송이 같은 말이 되는 거예요. 연인에게 여러분의 서운함을 전하고 싶다면, 지혜로움을 담아 성숙하게 표현하세요.

좋은 연인을 알아보는 세 가지 방법

"사랑은 오래 참고, 사랑은 온유하며, 시기하지 아니하며 사랑은 자랑하지 아니하며 교만하지 아니하며 무례히 행하지 아니하며 자기의 유익을 구하지 아니하며 성내지 아니하며 악한 것을 생각하지 아니하며 불의를 기뻐하지 아니하며 진리와 함께 기뻐하고 모든 것을 참으며 모든 것을 믿으며 모든 것을 바라며 모든 것을 견디느니라." 고린도전서 13장 4-7절 말씀이에요. 청년들과 소통하고자 〈스물다섯 스물하나〉라는 드라마를 챙겨 봤어요. 드라마 속 '희도'와 '이진이'의 모습이 참 인상 깊더군요. 비록 결말은 해피 엔딩이 아니었지만, 사랑하는 그 순간만큼은 서로에게 좋은 사람이 되어 주는 모습이 참 기억에 남았어요. 둘의 모습을 보면서 좋은 사람을 알아보는 기준 세 가지를 생각해 봤어요.

첫 번째, 나를 더 나은 사람, 한 단계 더 성장할 수 있는 사람으로 만들어 주는가? 상대의 일상이 나에게 '터닝 포인트'가 되어야 해요. 이진이가 희도의 열정을 보고 기자가 된 것처럼, 희도가 이진이의 노력을 보고 더 성장한 것처럼, 연인 곁에서 내가 성장하고 있는지 살펴보세요. 두 번째, 연인에게는 5만큼의 감정을, 친구에게는 4만큼의 감정을 주는가? 이진이가 이성으로 생각하는 희도, 친구로 생각하는 유림이와 승완이에게 표현하는 감정이 각각 달랐던 것처럼, 경계가 명확해야 해요. 친구임에도 불구하고 이성에게만 해야 하는 감정 이상을 표현해서 오해를 살 만한 행동을 하고 있지는 않은지, 연인에게 나만이 알 수 있는 사랑을 표현하고 있는지 확인해 보세요. 세 번째, 사랑을 행동으로 표현해 주는가? 번지르르한 백마디 말보다 한 번의 행동으로 보여 주는 사람이 좋은 사람이에요. 힘내라는 백 마디 말보다 희도가 좋아하는 바나나 우유를 들고 응원하러 온 이진이처럼 자신의 마음을 꾸준히, 행동으로 보여 주는지 살펴보세요. 특별한 한 날, 특정한 어떤 방법을 사용하여 화려하게 한 번의 이벤트로 자신의 사랑을 뽐내려는 것이 아니라, 나를 기쁘고 행복하게 해 주려는 진심이 담겨 있는지를 보는 거죠.

하지만 가장 중요한 건 내가 먼저 좋은 사람인지 돌아봐야 한다는 거예요. "남에게 대접을 받고자 하는 대로 너희도 남을 대접하라"(눅 6:31). 다른 것도 중요하지만, 이 점을 항상 기억하세요. 감당하지 못하는 능력은 되려 불행의 씨앗이 되는 것처럼, 아무리 좋은 사람을 만나더라도 그 사람의 그릇 크기를 내가 이해하지 못하고 담을 수 없다면, 사랑의 꽃을 피울 수 없는 거예요. 그러니 여러분이 먼저 좋은 사람이 되세요. 그렇게 살아가다 보면, 나와 닮은 좋은 짝을 알아보고, 만날 수 있을 거예요.

스킨십과 혼전순결에 대하여

제가 '영감톡'을 운영하면서 크리스천 청년들에게 가장 많이 받았던 질문 중의 하나가 "이성 교제를 하는 과정에서 스킨십을 어디까지 허용해야 하나요?"라는 질문과 "혼전 순결을 어떻게 바라봐야 하나요?"라는 질문 이었어요. 장성한 남자와 여자가 만나서 사랑을 싹틔우기 위해서는 서로를 알아 가는 과정이 반드시 있어야 해요. 그리고 서로를 알아 가면서 친 밀해지면, 대개는 스킨십이라는 것을 하죠. 제 개인적인 사견으로는, 스킨 십은 아름다운 행위라고 생각해요. 다만 걱정이 되는 것은 스킨십의 '의 도'예요. 마태복음 5장에서 예수님은 이렇게 말씀하셨어요. "음욕을 품고 여자를 보는 자마다 이미 마음에 간음하였느니라."

이성 교제를 하며 상대방을 바라보는 시각에는 두 가지가 있어요. 하나 는 인격적인 존재로 바라보는 시각과 다른 하나는 성적인 대상으로만 바 라보는 시각이에요. 전인격적으로 상대를 바라보며 하는 스킨십에는 상 대에 대한 배려와 존중과 사랑이 담겨 있어요. 아름답고 성숙한 행위이죠. 반면 상대를 단지 성적 대상으로 바라보며 하는 스킨십에는 이런 것들이 빠져 있어요. 그런데 아무리 전인격적인 대상으로 바라보면서 하는 스킨십이라고 할지라도 혈기 왕성한 청년의 때인지라 자칫 선을 넘을 수 있는 위험성이 다분해요. 하물며 성적인 대상으로만 바라보며 하는 스킨십의 결과는 어떻겠어요? 또한 그 과정 가운데 임신 혹은 다른 돌발상황이 발생하게 되었을 때, 상대를 어떻게 바라보았느냐에 따라 문제를 해결하는 모습에서 하늘과 땅 차이가 나게 돼요. 상대를 진심으로 생각하고 바라보며 교제를 한 사람은 책임을 지려고 하겠죠. 하지만 성적 대상으로만 바라보며 교제를 한 사람은 본색을 드러내고, 비참한 결말로 끝맺는 경우가 많아요.

여러분, 성경에 나와 있다고, 혹은 나와 있지 않다고 휘둘리는 것은 미성숙한 어린아이와 같은 신앙이에요. 그런 질문에 신경 쓰기보다는 크리스천 청년으로서 이성 교제를 할 때 '나는 상대를 어떤 관점으로 바라보고 있는가?', '상대는 나를 어떤 관점으로 바라보고 있는 사람인가?'에 더 집중하면 좋겠어요. 그 이유는 혼전 순결에서 혼 전도 중요하지만, 순결 자체가 더 중요하기 때문이에요. 순결이라는 것은 혼전이든 혼후든 끝까지 변하지 않는 사랑을 지키겠다는 결단이고 다짐이에요. 여러분이 보다 책임감 있는 신앙관과 성숙한 인생관, 그리고 건강한 성 개념을 가지고서 아름답게 사랑을 꽃피워 나가기를 진심으로 바라요.

072

공동체 내에서 헤어진 후,
껄끄러운 관계를 대처하는 법

'UFC'라는 격투 스포츠 프로그램을 본 적 있나요? 마음을 열고 들으면 개가 짖어도 하나님 말씀처럼 들린다는 말이 있죠. 흡사 성난 맹수처럼 뒤엉켜 싸우다가도 판정이 난 후에는 승패에 연연하지 않고 언제 그랬냐는 듯이 환하게 웃으며 서로를 격려하고 인정해 주는 이들의 모습을 볼 때면, 얻게 되는 교훈과 깨달음이 있어요. '청년부라는 신앙 공동체 안에서 이성을 사귀고자 하는 크리스천 청년들의 개념이 저들과 같았으면 좋겠다. 아니, 더 나아가 예수가 그리스도라고 믿고 고백하는 크리스천들의 생각이 저들과 같았으면 좋겠다'라는 교훈과 깨달음이에요.

고린도전서 12장 12절 이하는 하나의 몸과 많은 지체에 대해서 말씀하고 있어요. 크리스천 청년 중 어떤 이는 발이고, 어떤 이는 손, 어떤 이는 눈, 어떤 이는 귀라고 했을 때, 처음에는 서로가 같은 눈인 줄 알고, 같은 귀인 줄 알고 사귐을 시작해요. 다행히 예상이 적중한 이들은 완벽한 '케미'를 뽐내며 아름다운 사귐을 이어 나가겠죠. 하지만 모두가 그렇지는 않아

영감톡

요. '어? 이 사람은 나와 같은 발이 아니네, 손이 아니네, 눈이 아니고, 귀가 아니잖아?' 이렇게 서로가 확연하게 다름을 발견하기도 해요. 그리고 다름을 극복하지 못하고 결국 이별이라는 아픔을 경험하기도 하고요. 제아무리 교회라는 신앙 공동체 안에서 하는 연애라고 할지라도 결별의 파국은 껄끄러운 관계로 이어질 수밖에 없겠죠.

그러나 여러분, 그 껄끄러움 때문에 상대방이 지체인 것까지 부정하는 것은 좋지 않아요. 비록 상대방이 나와 같은 손과 발이 아니고, 눈과 귀가 아니기에 연애는 '새드 엔딩'으로 막을 내렸을지라도, 공동체 안에서 하나님이라는 몸을 이루는 지체라는 사실에는 변함이 없기 때문이에요. 연인으로서는 이별했을지라도, 지체로서의 교제는 이어져야 해요. 물론 이를 위해서는 연애를 하는 기간 동안이나 이별하는 과정에서도 서로를 존중하고 배려하는 태도가 필요하겠죠.

크리스천 청년 여러분, 현재 신앙 공동체 안에서 연애가 현재 진행형인가요? 아니면 과거형인가요? 어떤 상황이든, 어떤 결말 앞에 서든 명심해야 하는 건 크리스천 청년으로서 상대방과 연인이었을 때도, 연인 관계가 끝났을 때도 서로를 아름다운 지체로서 여겨야 한다는 거예요. 여러분이 공동체 전체를 아우를 수 있는 깊고 넓은 품성을 가진 지체였으면 해요. 꼭 그런 성숙한 연애관을 소유하길 기도할게요.

그러니 여러분이 먼저
좋은 사람이 되세요.

그렇게 살아가다 보면, 나와 닮은 좋은 짝을 알아보고,
만날 수 있을 거예요.

진정한 사랑의 증표,
이벤트만이 사랑은 아니다

사도행전 8장에는 '시몬'이라는 마술사가 등장해요. 18-19절에서 시몬은 베드로와 요한이 사람들에게 안수를 할 때 성령이 임하는 것을 보고 돈으로 하나님의 능력을 사려고 해요. 이를 본 베드로는 시몬에게 "네가 하나님의 선물을 돈 주고 살 줄로 생각하였으니 네 은과 네가 함께 망할지어다"라고 말하며 무섭게 비판해요. 여러분, 마술사 '시몬'이 눈물이 찔끔 날 정도로 호된 질타를 받았던 이유가 무엇이었을까요? 단지 하나님의 능력을 돈으로 사려고 했기 때문이었을까요? 그 이유는 바로 시몬이 하나님의 사랑을 쉽게 얻으려고 했기 때문이에요.

사도들에게 주어진 하나님의 능력은 사랑의 증표이자 선물이라고 할 수 있어요. 그런데 그 사랑을 고린도전서 13장은 이렇게 정의하고 있어요. "사랑은 오래 참고, 모든 것을 참고, 모든 것을 견디는 것이다. 자기의 유익을 구하지 아니하며 무례히 행하지 아니한다." 한 눈에 보더라도 사랑은 그리 호락호락하게 얻을 수 있는 것이 아니라는 생각이 들죠. 사도들은 이러한 호락호락하지 않은 과정을 묵묵히 감당해 냈기에 하나님으로부터 '능력'이라는 사랑의 증표이자 선물을 받을 수가 있었던 거예요. 살아가다 보면 귀한 것일수록 어렵게 얻어진다는 이 불변의 진리를 도무지 마음에 새기지 않으려 하는 사람들을 발견하곤 해요. 일회적인 이벤트나, 꿀 발린 말 한마디처럼 한 번의 가벼운 노력으로 사랑하는 사람의 마음을 너무도 쉽게 얻으려 한다는 거죠. 이와 비슷하게 마술사 시몬 또한 사도들이 인고의 세월을 묵묵히 견디며 얻은 하나님의 증표이자 선물을 돈이라는 가벼운 노력으로 너무도 쉽게 얻으려 했기에 베드로에게서 호되게 질책을 받았던 거예요. 물론 연애할 때 깜짝 이벤트나 깜짝 선물이 나쁜 것만은 아니에요. 상대의 사랑을 얻는 데 조금은 도움이 될 수 있겠죠. 그러나 모든 것을 오래 참고, 모든 것을 견뎌야만이 비로소 얻게 되는 사랑을 '이벤트'라는 깜짝 쇼만을 통해 얻을 수는 없어요. 쉽게 얻은 사랑은 쉽게 사라지기 마련이거든요.

사랑하는 이에게 여러분의 사랑이 진심임을 전하고 싶다면, 또한 사랑하는 이에게서 여러분의 사랑이 진심임을 인정받고 싶다면, 한순간의 이벤트가 아닌 꾸준한 인내가 필요해요. 일상의 소소함을 함께 공유하며 사랑하는 이의 연약함과 부족함에 대해 무례히 행치 아니하는 인내, 오래 참음과 온유함으로 감싸 줄 수 있는 인내, 특별하지는 않지만 변치 않는 사랑의 향기가 듬뿍 담겨 있는 인내, 그게 진정한 사랑의 증표가 아닐까요? 우리 크리스천 청년들, 현재 사랑하는 이가 있다면, 혹은 앞으로 사랑하는 이를 만나게 된다면, 이렇게 여러분의 사랑을 전했으면 해요.

하나님께서 예비하신 배우자를
알아보는 방법

　결혼한 사람들 가운데 종종 이런 말을 하는 사람들이 있어요. "이 사람을 처음 본 순간 결혼해야겠다는 마음이 강하게 들었어." 만약에 신앙 공동체 안에서 이런 말을 듣게 된다면, 특히 배우자 기도를 열심히 하고 있는 크리스천 청년들에게는 그저 부러움의 대상으로밖에 보이지 않을 것 같아요. 왜냐하면 이 말은 곧 하나님께서 예비해 놓으신 나의 배우자를 만났다는 말과 같은 의미이기 때문이죠. 마음 같아서는 모든 크리스천 남녀가 이런 운명적 만남을 통해 자신의 짝을 단박에 찾았으면 해요. 하지만 안타깝게도 그런 바람과는 달리 여전히 '아! 하나님이 예비해 놓으신 내 반쪽은 어디에 있는 것일까?', '내게도 하나님이 예비해 놓으신 짝이 있기는 한 것일까?'라는 애절한 질문만이 가득한 경우가 대부분이죠.

　그렇다면 대부분의 크리스천 청년들이 하나님이 예비해 놓으신 자신의 짝을 알아보는 방법은 무엇일까요? 가장 중요한 것은 현재 내가 배우자를 만나기 위해 하는 기도가 하나님을 '믿으면서' 하는 기도인지, 아니면 무작정 '의지하면서' 하는 기도인지를 냉철하게 구분해야 해요. 쉽게 말하면, 내가 배우자 기도에 합당한 사람을 만나기 위해 덮어놓고 하나님께 맡겨만 두고 있는지, 아니면 스스로의 노력과 함께 인도하심을 고대하고 있는지를 명확하게 나눠서 생각해야 한다는 거예요. 하나님은 우리에게 구하고, 찾고, 두드리라고 말씀하셨어요.

그런데 하나님의 인도하심이라는 구실을 앞세워 나를 대신해서 하나님이 구해 주시고, 찾아 주시고, 두드려 주셨으면 하는 바람만을 가지고 있다고 한다면, 그 생각은 과감하게 가지치기를 하셔야 해요. 대신 그 자리에 "사람이 마음으로 자기의 길을 계획할지라도 그의 걸음을 인도하시는 이는 여호와시니라"라는 잠언 16장 9절의 말씀을 담아야 해요. 하나님은 여러분을 운명론에 가둬 놓으시는 분이 절대로 아니에요. 하나님께서 예비해 놓으신 배우자를 만나기 위해서는 하나님의 전적인 인도하심을 믿으면서도 나만의 적극적인 노력이 동반되어야 해요.

평생을 같이하고픈 누군가를 만나기 위해 떠나는 모험은 여러 모험 중에서도 가장 난이도가 높은 모험이에요. 그러다 보니 불확실한 내 선택에 불안함이 들 수도 있을 거예요. 하지만 그럴수록 믿음을 가지고 나아가야 해요. 갈 바를 전혀 알지 못하면서도 하나님이 보여 주실 땅을 향해 묵묵하게 나아갔던 아브라함처럼 말이에요. 아브라함의 믿음을 가지고서 사랑의 순례길을 걷는다면, 우리의 불완전한 선택을 하나님께서 완전함으로 바꾸어 주실 거예요.

20대 초반, 신앙이 없는 사람과의 연애

　'신앙과 인격은 같은 것인가? 아니면 별개의 것인가? 신앙이 좋다는 것은 곧 인격이 좋다는 것을 의미하는 것인가?'라는 논제에 대해서 상당 시간 동안 고심을 했던 적이 있었어요. 오랜 고심 끝에 제가 내린 결론은 '신앙과 인격은 전혀 별개의 것이다'라는 것이었죠. 지금도 그 생각에는 전혀 변함이 없어요. 아니, 오히려 더 확고해졌다고 할 수 있어요. 당연히 목사이기에 성경적 근거로서 제 사견에 힘을 보태야 하겠죠?

　마태복음 8장 5-13절에서는 중풍 병에 걸린 자신의 하인을 예수님께 치료해 주십사 간청하는 한 '백부장'에 관해서 말씀하고 있어요. 8절에 의하면 "내가 가서 고쳐 주리라"라고 말씀하시는 예수님에게 "다만 말씀으로만 하옵소서. 그러면 내 하인이 낫겠습니다"라고 말을 했죠. 그러자 10절에서 예수님은 "이스라엘 중 아무에게서도 이만한 믿음을 보지 못하였노라"라고 칭찬을 하셨어요. 예수님은 허투루 말씀하시는 분이 아니세요. 과한 사탕발림으로 영혼 없는 칭찬을 하실 분은 더더욱 아니세요. 그런데 그런 분이 하나님을 믿는 신앙이 없거나 있다고 할지라도 약할 수밖에 없는 이방인 백부장에게서 이스라엘에서조차 볼 수 없었던 '믿음'을 발견했다고 말씀하셨다면, 우리는 그 믿음의 실체가 무엇인지에 주목해 봐야 할 필요가 있지 않을까요?

　백부장이 예수님께 고쳐 달라 간청한 사람은 자기 하인이었어요. 당시 하인은 조금 심하게 말해서 걸어 다니면서 살아 숨 쉬는 주인의 재산에 불과한 존재였어요. 심지어 하나님을 믿는다는 이스라엘조차도 이 개념은 당연했죠. 하지만 백부장은 하나님께 선택받은 선민이라고 자부하던 사람들조차도 당연시했던 가치관을 역행하며 자신의 하인을 재산이 아닌 소중한 인격체로 존중했고 배려했죠. 비록 이스라엘 백성들과 같은 신앙은 없었다 할지라도 그 신앙을 뛰어넘는 고귀한 인격을 소유하고 있었기에 예수님은 백부장을 향해 이스라엘 중 아무에게서도 찾아볼 수 없는 믿음을 가진 사람이라고 칭찬하셨던 거예요. 이것이 제가 신앙과 인격은 별개의 것이라는 결론을 내린 이유이고, 인격이 신앙보다 앞선다고 생각하는 근거예요.

　고귀한 인격이 신앙을 갖게 되면 그리스도의 심장을 붙드는 사람이 돼요. 하지만 신앙만 있고 인격이 없는 사람은 고작해야 예수 그리스도의 거죽만을 만지는 데 그치고 말죠. "주여 주여 하는 자마다 다 천국에 들어갈 것이 아니요"라는 예수님의 말씀은 어쩌면 '인격이 배제된 신앙만을 가지고서 예수님께 나아가고자 했던 사람을 일컫는 것이 아닐까' 하는 생각이 드네요. 우리 영감톡 청년들만큼은 신앙과 인격이 같다고 혼동하지 않는 지혜로운 크리스천이 되기를 바랍니다.

자기중심적인 마음은 사랑이 아니다

마태복음 25장 1-13절은 열 처녀 비유에 대해서 말하고 있어요. 다섯 처녀는 신랑과 함께 혼인 잔치에 들어간 반면, 다른 다섯 처녀는 안타깝게도 낙오자가 되고 말았죠. 희비가 엇갈릴 수밖에 없었던 이유는 신랑과 함께 혼인 잔치에 들어간 다섯 처녀는 충분한 기름을 준비하였지만, 낙오자가 된 다섯 처녀는 그만한 기름을 준비하지 못했기 때문이에요. 그런데 저는 이 본문을 볼 때마다 혼인 잔치에 들어가지 못한 다섯 처녀의 치명적인 실수를 조금은 다른 각도에서 들여다보곤 해요. 충분한 기름을 준비하지 못해서 신랑과 함께 혼인 잔치에 들어가지 못했다기보다는 자기 멋대로 기준을 세우고 준비했기에 참담한 결과를 초래했다는 관점이죠.

'신랑이 더디 올 수도 있음, 기름을 빌리지 못할 수도 있음, 기름을 사러 간 사이에 신랑이 도착할 가능성도 있음' 이처럼 수많은 '변수'를 고려하지 않고 자신의 무대포 신념에 끼워 맞춰서만 계획했기 때문에 돌이킬 수 없는 결과를 맞이하게 됐다는 생각이 들어요. 좋아하는 이성을 두고 하나님께 기도하는 것은 여러분에게 얼마든지 열려 있는 자유예요. 하지만 동시에 여러분이 마음에 품고 기도하는 이성에게도 똑같이 열려 있는 자유라는 점을 간과해서는 안 돼요. 상대방의 마음은 헤아리지 않은 채 자신의 마음만을 우선시하는 기도는 진정으로 좋아하는 이를 얻고자 하는 성숙한 기도라고 할 수 없어요.

 현재 좋아하는 이성을 두고 기도하고 있나요? 여러분에게 열려 있는 자유이고 권리이니 얼마든지 무한대로 누리세요. 그러나 미련한 다섯 처녀와 같이 자기 멋대로 기준을 세우고, 자신만의 일방적인 생각에 사로잡혀 있다면, 지금 즉시 떨쳐 버리라고 말하고 싶어요. '좋아하는 이성을 두고서 기도했는데 특별하게 인도하심이 없어서 속상하고 낙심돼요'라는 생각이 단 한 번이라도 들었다면, 그 기도는 상대방의 자유와 권리라는 변수를 전혀 고려하지 않은 이기적이고 자기중심적인 기도일 위험성이 매우 커요. "구하여도 받지 못함은 정욕으로 쓰려고 잘못 구하기 때문이라"라는 야고보서 4장 3절의 말씀처럼 정욕으로 구하는 기도이기에, 어리석은 다섯 처녀와 같은 치명적인 실수를 답습하는 거죠. 기도는 하나님의 뜻에 나를 맞추는 것이지, 내 생각에 하나님을 가두는 것이 아님을 잊지 마시기를 바라요.

외모 때문에 상처받은 당신을 위해

신학생 시절 저는 강한 인상의 외모 때문에 어이없는 소문의 주인공이 되었던 적이 있어요. 소문 속 저는 전직 조폭 출신이 되기도 하고, 나이트 클럽 출입문을 관리하는 가드가 되기도 했죠. 심지어는 돈 많은 날라리가 대학교 졸업장이 필요해서 입학했다는 소문도 사실처럼 입에 오르내리고 있더군요. '사람 하나 바보 만드는 것은 일도 아니구나'라는 생각이 저절로 들면서, 야고보서 3장에서 말씀하고 있는 세 치 혀의 위험성을 되새김질하는 계기가 되었었죠. 저는 지금도 여전히 제 외모 때문에 야기되는 선입견에서 자유롭지 못한 채 살아가고 있어요. 심지어 어떤 이에게는 이런 말까지 듣기도 했죠. "남 목사님은 얼굴만 봐서는 전혀 목사 같지 않아요." 마흔 살이 넘으면 자기 얼굴에 대해서 책임을 져야 한다는 말이 있는데, 반백 살이 넘은 시점에서, 목사로서 이런 말을 들으려니 마음이 어수선하고 난감했어요.

하지만 이렇게 생겨 먹은 것을 뭘 어쩌겠어요? 그렇다고 얼굴을 몽땅 뜯어고칠 수도 없는 노릇이잖아요. 그래서 저는 외모 때문에 상처를 받을 때마다 이렇게 생각하기로 마음먹었어요. "오해는 전적으로 당신들 몫입니다." 살아가면서 누구의 평가, 누구의 시선을 깡그리 무시할 수는 없어요. 하지만 그럴 때마다 그들의 극히 주관적이고 때로는 편협한 평가와 시선에 흔들리는 갈대가 되어서는 안 되겠죠. 흔들리는 갈대가 되고 싶지 않다면 뿌리를 땅속 깊이 파묻는 거목 같은 태도가 필요해요. 여러분을 저울질하는 평가와 시선에도 굴하지 않고 "오해는 전적으로 당신들 몫입니다"라고 말할 줄 알아야 한다는 거예요. 그러려면 여러분이 먼저 자기 자신을 존중하고 사랑하고 인정하는 사람이 되어야 해요.

사무엘상 16장 7절에서는 이렇게 말씀하고 있어요. "여호와께서 사무엘에게 이르시되 그의 용모와 키를 보지 말라 내가 이미 그를 버렸노라. 내가 보는 것은 사람과 같지 아니하니 사람은 외모를 보거니와 나 여호와는 중심을 보느니라." 하나님께서 사무엘 선지자를 통해 사울을 대신할 이스라엘 2대 왕을 뽑을 때 적용하신 기준이에요. 세상 사람들이 외모로 평가한다고 할지라도 하나님은 우리의 외모가 아닌 중심을 보세요. 더불어 세상은 넓고 사람은 많아요. 여러분의 내면에 가공하지 않은 다이아몬드가 장착되어 있다는 것을 알아봐 줄 사람이 반드시 있다는 말이지요. 그러니 하나님의 자녀답게 그때를 기다리며 당당하게 살아가길 바랍니다.

연인에게 꼭 필요한 사람이 되는 법

창세기 2장 18절에서 하나님은 홀로 지내는 아담을 보시며 이렇게 말씀하셨어요. "내가 그를 위하여 돕는 배필을 지으리라." 그리고는 아담의 갈빗대로 하와라는 여자를 만드셔서 아담에게로 향하게 하셨어요. 하나님은 이들에게 에덴동산이라는 지상 낙원을 선물해 주시고는 그곳에서 살면서 무엇이든지 할 수 있는 권한과 자유를 주셨죠. 하지만 아담과 하와는 그 자유와 권리를 잘못 사용했고, 결국 에덴동산에서 영원히 추방을 당하고 말았어요. 겉으로 드러난 표면적 이유는 뱀의 유혹에 넘어갔기 때문이었어요. 그러나 그 속내를 들여다보면 하나님께서 아담과 하와를 만나게 하신 근본 목적, '돕는 배필'로서의 역할에 충실하지 못했기 때문이었죠.

여러분은 '돕는 배필'의 역할이 무엇이라고 생각하세요? 잠언 14장 24절에서는 이렇게 말씀하고 있어요. "매를 아끼는 자는 그의 자식을 미워함이라. 자식을 사랑하는 자는 근실히 징계하느니라." 즉, 부모 자식 간의 사랑처럼, 돕는 배필 사이에서도 사랑하는 이를 위해 기꺼이 선한 징계를 자처할 수 있어야 한다는 거예요. 다시 말해 연인 사이에서 돕는 배필로서의 사랑이란, 서로의 말에 무조건 찬성하고 공감해 주는 것만을 의미하지는 않는다는 거죠. 부모 자식 간의 사랑에 선한 징계가 포함되는 것처럼, 사랑하는 관계 안에서는 따끔한 쓴소리로 인한 속상함, 옳고 그름을 교감하는 가운데 발생하는 아픔도 포함되어야만 해요. 이것이 바로 연인 사이에서 돕는 배필로서의 사랑이라는 거예요. 만약 아담과 하와가 돕는 배필로서의 사랑은 나와 너로 만난 '개체 사이'가 우리라는 '일체 관계'로 도약하기 위해서 서로의 말에 귀를 기울이며 신앙의 방향과 삶의 보폭을 맞춰나가는 것임을 알고 있었다면 어땠을까요? 돕는 배필로서의 사랑은 서로가 흔들리지 않게 중심을 잡아 주는 뿌리 깊은 나무가 되어 주는 역할임을 알았다면 어땠을까요? 어쩌면 뱀의 유혹에 넘어가기는커녕 오히려 뱀의 타락을 막을 수도 있지 않았을까요? 현재 여러분이 살아가고 있는 이 세상에도 여전히 먹어서는 안 되는 선악과가 존재해요. 먹지 말아야 할 선악과가 존재한다는 것은 아담과 하와에게 그랬듯, 자신을 광명의 천사로 가장한 뱀의 꼬드김이 호시탐탐 여러분들을 노리고 있다는 거겠죠.

여러분, 현재 사랑하는 이가 옆에 있나요? 그렇다면 마음을 같이 하는 연인이 되어 줌과 동시에 잘못된 것을 바로잡아 줄 수 있는 동역자가 되어 주세요. 연인이 선악과를 먹으려고 할 때마다 옳은 길로 이끌어 주세요. "두 사람이 한 사람보다 나음은 그들이 수고함으로 좋은 상을 얻을 것임이니라"(전 4:9)라는 말씀처럼, 현대판 아담과 하와가 되지 않기 위한 가장 확실한 방법은 서로에게 다정스러운 사랑꾼이 되어 주는 동시에 믿음직한 조언가(멘토)가 되어 주어야 한다는 것을 꼭 명심하면 좋겠어요.

세상의 모범이 되고픈
크리스천 커플을 위하여

요한복음 12장에서 마리아는 예수의 발에 값비싼 향유 나드 한 근을 붓고 자신의 머리털로 닦아요. 그러자 5절에 의하면 그 모습을 지켜보고 있던 가룟 유다가 향유를 삼백 데나리온에 팔아 가난한 사람들을 구제하는 편이 훨씬 더 이롭고 의로운 일이 아니겠느냐고 마리아의 행동을 평가절하하죠. "너희 빛이 사람 앞에 비치게 하여 그들로 너희 착한 행실을 보고 하늘에 계신 너희 아버지께 영광을 돌리게 하라." 마태복음 5장 16절 말씀이에요. 만약 크리스천 커플들에게 현실에서 삶의 열매로 맺으라고 한다면 마리아와 가룟 유다 중 누구처럼 행동하실 건가요? 누구의 방법대로 사람들의 시선과 판단 앞에 드러나기를 원하시나요?

크리스천 커플이라고 하면 뭔가 세상 사람들과는 다르고, 더 깨어 있고, 모범적이어야 한다는 부담감이 있기에 가룟 유다처럼 하는 쪽에 눈길이 더 쏠릴 것 같아요. 왜냐하면 마리아가 가룟 유다의 말대로 했다면 많은 사람들에게 금전적으로 도움을 줄 수 있었을 것이고, 사람들로부터 칭

송받는 여인이 됐을 가능성이 높기 때문이죠. 하지만 여러분, 삶과 신앙에는 우선순위라는 것이 존재해요. 중요한 것과 더 중요한 것이 있다는 거예요. 고린도후서 2장 15절에서는 이렇게 말씀하고 있어요. "우리는 구원받는 자들에게나 망하는 자들에게나 하나님 앞에서 그리스도의 향기니." 여기서 "구원받는 자들과 망하는 자들"이 하나님과 어깨를 나란히 하고는 있지만, 더 중요한 기준은 "하나님 앞에서"라는 것이죠. 상대방을 돕고 싶다면 사람에게 영광을 받으려고 회당과 거리에서 하는 것같이 행하지 말고, '금식'을 하고자 한다면 사람에게 보이려고 일부러 얼굴을 흉하게 하지 말아야 해요.

여러분이 하고자 하는 행위가 선한 행실이 되어 참빛으로 드러나기를 원한다면, 사람이 아닌 하나님의 합격점을 먼저 받아야 해요. 그 합격점은 오른손이 하는 것을 왼손이 알아차리지 못할 만큼 은밀하게 행해졌을 때, 그래서 은밀한 중에 보시는 하나님만이 그 행위의 정직함과 진실함의 향내를 맡으실 수 있는 유일한 분이셨을 때 받게 되는 것이죠. 가룟 유다의 눈에 돈 낭비로밖에 보이지 않았던 마리아의 행함이 예수님에게는 합격점을 받았던 이유가 바로 이 때문이었죠. 크리스천 커플로서 세상의 모범이 되고 싶으시다면 먼저 하나님 앞에서 얼마나 모범이 되고 있는지부터 살펴보세요. 하나님께 온전히 속해 있는 사람만이 세상의 귀한 존재로 높임을 받을 수 있어요. 그 주인공이 바로 여러분이기를 기도합니다.

때로는 보이지 않을 때 더욱 잘 보인다

"그 사람의 진심을 알고 싶다면 말이 아닌 행동을 봐라"라는 말이 있어요. 소리가 없는 무성 영화에서 느껴지는 진득한 감동이 있듯이 소리보다 시각에서 전해 오는 진심이 있는 법이에요. 연인 사이에서도 시각이라는 저울을 사용하여 서로에 대한 사랑의 무게를 재고, 그 사랑이 얼마나 묵직한지를 끊임없이 확인하고자 하죠. 그러나 사랑을 눈으로만 보면, 착시 현상에 영향받기 쉬워요. 예를 들어 콩깍지가 씌었을 때는 상대의 사랑이 커 보이다가, 불안해지면 상대가 주는 사랑이 한없이 작아 보이는 것처럼 말이죠. 그러다가 결국 서로를 향해 "사랑이 이렇게 식을 수가 있어? 어쩌면 사랑이 이렇게 변하니?"라고 하면서 다투게 되는 거예요.

이런 연인들을 위해 예수님의 사랑법을 하나 소개해 볼까 해요. 바로 "너희는 세상의 소금이요. 너희는 세상의 빛이다"라는 마태복음 5장 13-14절 말씀처럼 빛보다 소금이 먼저 되는 사랑법이에요. 빛의 사랑법은 눈에 보이는 사랑법이에요. 빛은 실 가닥 같은 밝기라고 할지라도 일단 비추기만 하면 눈에 바로 보여요. 예쁜 커플링만 하고 있으면, 커플티를 선물로 주면 찐 사랑꾼으로 인정받는 것과 같은 거죠. 그런데 여러분 보이는 것만으로 사랑을 가늠하는 것은 한계가 있어요. 창세기 3장 6절에 의하면, 보기에 먹음직도 하고, 보암직도 하고, 지혜롭게 할 만큼 탐스러웠기에 하와는 아담에게 선악과를 주었어요. 선악과를 받아 든 아담 또한 눈으로만 판단했기 때문에 그 너머의 것을 보지 못한 거죠.

반면 소금의 사랑법은 눈에 바로 보이지는 않지만 은은하게 느껴지는 사랑법이에요. 소금은 자신의 몸을 완전히 녹여 짠맛을 내야 하기에 눈으로는 가늠하기가 불가능해요. 그래서 소금처럼 사랑하는 것에는 상당한 두려움이 따르지요. 눈에 보이지 않아서 '너, 사랑이 변했구나'라고 오해를 받을 수도 있기 때문이에요. 이처럼 소금 사랑법은 춥지 않아도 추워서 입고 있는 것처럼 보이는 외투와 같고, 덥지 않아도 가방 안에 항시 가지고 다니는 보이지 않는 부채와 같은 것이에요.

하지만 예수님은 요한복음 20장 29절에서 도마를 향해 이렇게 말씀하셨어요. "너는 나를 보고서 믿느냐 보지 않고 믿는 자가 더 복되다." 참사랑은 빛이 사라질지라도 여전히 그 빛의 밝음을 볼 수 있고, 따스함의 온기를 느낄 수 있는 성숙한 포용력의 동의어라고 말씀하고 계시는 거예요. 여러분, 소금 같은 사랑을 하세요. 상대에게 소금 같은 사랑을 줄 수 있고, 그런 사랑을 알아볼 수 있는 사람이 되세요. 빛이 구름에 가려지더라도 그 밝기와 따스함의 온기를 느낄 수 있는 성숙한 사랑꾼이 되어 어여쁜 사랑을 하길 바라요.

아브라함의 믿음을 가지고서
사랑의 순례길을 걷는다면,

우리의 불완전한 선택을 하나님께서
완전함으로 바꾸어 주실 거예요.

PART 5

인간관계,
인생 조언

" 내 이웃을 내 몸처럼
사랑하고 싶은
청년들을 위해 "

혼자라고 생각 말기

어떤 사람이 작은 소년을 만났어요. 그 소년의 등에는 몸이 불편한 더 작은 소년이 업혀 있었죠. 그 사람이 물었어요. "얘야, 네가 업고 가기에 퍽 무겁겠구나. 힘들지 않니?" 그러자 소년이 밝게 웃으며 그 사람에게 이렇게 말했어요. "전혀 무겁지 않아요. 힘들지도 않고요. 이 아이는 제가 아끼고 사랑하는 막냇동생이거든요!"

하나님께 여러분은 소년의 막냇동생과도 같은 존재예요. 언제나 사랑스러워서 무겁게 느껴지지 않는 소중한 존재이죠. 그래서 토시 하나, 받침 하나 달라지거나 변하지 않고서 하나님이 여러분에게 매번 하시는 고정 멘트가 하나 있어요. 하나님께서 여러분을 얼마나 소중하게 생각하고 계시는지를 보여 주고 있는 확증이기도 하죠. "수고하고 무거운 짐 진 자들아. 다 내게로 오라. 내가 너희를 쉬게 하리라"라는 마태복음 11장 28절 말씀이에요. 즉, 하나님은 이 말씀을 여러분에게 주시면서 "자녀야. 너는 언제나 사랑스러운 내 자녀란다. 내가 너희를 쉬게 할 거야. 그러니 주저하지 말고, 머뭇거리지 말고, 너의 무겁고 힘든 삶의 짐을 내게 맡겨 보지 않으련?" 이렇게 말씀하고 계시는 거예요.

하지만 안타깝게도 하나님에게서 여러분이 어떤 존재인지를 종종 잊고 살아갈 때가 너무 많은 것 같아요. 하루 동안에 들숨을 몇 번 들이마시고 날숨을 몇 번 내뱉는지조차 세시는 그분의 세밀함이 오로지 여러분만을 향해 있음에도 불구하고, 그 사실을 잊고 살아갈 때가 많다는 거예요. 그래서 세상에 나 혼자인 것 같아 쓸쓸하다고 푸념을 늘어놓고, 외로움을 달래 줄 누군가를 찾고, 불안함을 해소하기 위해 누군가에게 의지하려고 하죠. "네 길을 여호와께 맡기라. 그를 의지하면 그가 이루시고 네 의를 빛같이 나타내시며 네 공의를 정오의 빛같이 하시리로다"라는 시편 37편 5-6절 말씀을 전적으로 믿고 신뢰하며, 혼자인 것 같은 쓸쓸함, 외로움, 불안감을 하나님께 맡겨 보세요. 맡긴다는 것은 그런 감정 앞에서 대견스럽게 이겨 내는 모습이 하나님의 눈에 보이는 거예요.

그런 감정들조차 알아서 없애 주지 않는다고 철없는 아이처럼 푸념을 늘어놓거나 어리광을 부리는 것이 아니라, 대견스럽게 이겨 내려고 노력할 때 하나님은 막냇동생을 기꺼이 업고서 즐거워하는 형처럼 여러분을 품에 안으세요. 여러분의 인생이 눈밭이라면, 그 눈밭에는 언제나 하나의 발자국만이 찍힐 거예요. 여러분 거냐고요? 아니요. 하나님께서 여러분을 등에 업고 걸어가시면서 생긴 발자국이에요. 하나님은 여러분을 잠시도 혼자 두시는 분이 아니시니까요. 혼자라고 생각될 때, 그래서 외롭다고 느껴질 때 여러분이 하나님께 어떤 존재인지를 기억하길 바라요.

082

크리스천인 것을 밝히기 불편할 때
마음가짐 두 가지

"친구들한테 크리스천이라고 말하기 민망해요." 이처럼 기독교에 대한 사람들의 편견이 무서워서 타인의 시선에 위축될 때가 있었나요? 크리스천이라고 밝히기 불편할 때, 타인의 시선이 힘겨울 때 이렇게 생각해 보는 건 어떨까요? 두 가지 마음가짐을 제시해 볼게요.

우선, 남의 시선을 신경 쓰지 않았던 예수님의 삶을 떠올려 보는 방법이에요. 어느 날 예수님께서 손 마른 사람을 발견하셨어요. 치유하시는 예수님의 뒤에는 여러 개의 눈이 예수님을 감시하고 있었죠. "예수가 안식일에 율법에 어긋나는 행동을 하면 바로 잡아가자." 바로, 예수님을 고발할 증거를 찾으려는 서기관들과 바리새인들이었죠. 이런 시선은 여러분이 하나님의 사람으로 너무 잘살고 있음을 질투하는 시선이에요. 하지만 예수님은 타인의 시선에 개의치 않으셨어요. 그리고 이런 말씀을 남기고 병자를 치유해 주셨죠. "안식일에 선을 행하는 것과 악을 행하는 것, 생명을 구하는 것과 죽이는 것, 어느 것이 옳으냐?" 예수님께서 서기관들과 바리새인들을 두려워하고 그들의 시선에 부담만을 느끼셨다면, 혹은 하나님보다 소위 '이미지 관리'만 신경 쓰셨다면, 아마도 병자를 치유하는 가치 있는 일은 하지 못하셨을 거예요.

두 번째는, 타인의 시선이 우리에게 선한 가시가 되어 줄 거라고 생각하는 마음가짐이에요. "여호와께서 온갖 것을 그 쓰임에 적당하게 지으셨나니, 악인도 악한 날에 적당하게 하셨느니라"라는 잠언 16장 4절 말씀처럼, 유별나게 기독교를 비난하고 냉소적인 적대감을 보이는 사람들의 모습을 보면서, 타인의 시선이 우리의 교만을 예방하는 선한 가시 역할을 한다고 생각하는 것도 필요해요. 우리가 "너는 예수 믿는다는 애가 왜 그러냐?" 이런 말을 듣게 될 때, "아, 다른 사람한테는 내가 그렇게 보이는구나. 인정하고 고쳐 보자"라고 내 모습을 돌아보며 성찰하는 계기로 삼는 거예요. 그러는 과정에서 열에 하나라도 여러분이 몰랐던 잘못이 드러난다면, 겸허하게 인정하고 겸손하게 고쳐 나가야 해요. 이처럼 여러분이 타인의 시선을 무작정 두려워만 하는 것이 아니라 지혜롭게 경청한다면, 그들의 시선은 질투와 비난에서 인정과 존경의 시선으로 바뀔 거예요.

가장 중요한 것은 세상 사람들보다 더 객관적인 기준으로 나를 돌아보는 힘을 기르는 거예요. 예수님의 말씀을 인용하자면, 내 눈에 있는 들보를 볼 수 있고 설령 내가 보지 못하더라도, 타인의 눈에 보인 들보라고 하더라도 겸허히 인정하며 빼내고자 애쓰는 노력이 돋보이면 된다는 거예요. 크리스천임을 밝히기 어렵다면 앞으로 이런 마음가짐을 떠올려 보세요.

신앙이 없는 사람들의 성공을 대하는 자세

"좁은 문으로 들어가라. 멸망으로 인도하는 문은 크고 그 길은 넓어 그리로 들어가는 자가 많고, 생명으로 인도하는 문은 좁고 길이 협착하여 찾는 자가 적음이라." 마태복음 7장 13-14절은 크리스천들의 세상살이 방법을 말하고 있어요. 멸망으로 인도하는 넓은 문, 생명으로 인도하는 좁은 문, 어쩌면 이 두 개의 문을 이렇게 볼 수도 있어요. 쉽게 결과물을 얻어 내려는 편법과 꼼수의 길, 그리고 더디고 힘들지만 땀과 노력이라는 우직함으로 걸어가는 바른길. "신앙이 없는 사람들은 하나님 안에서 성공한 게 아니니까 잘못된 길로 성공한 거 아니야?" 가끔 이렇게 생각하고 다른 이의 성공을 질투하는 사람들이 있죠. 그런데 과연 기독교인이라고 모두 바른길을 걷고, 비기독교인이라고 모두 속임수의 길을 걷는다고 봐야 할까요?

방탄소년단을 예시로 들어 볼게요. 방탄소년단은 우리나라뿐 아니라 전 세계적으로 대성공을 이루었어요. 방탄소년단 덕분에 'K-POP'이라는 단어가 한국을 대표하는 고유명사가 될 만큼 말이에요. 그렇다면 그들은 크리스천이 아니기 때문에 정도를 걷지 않고 편법을 사용해서 세계적으로 큰 성공을 거둔 것일까요? '하나님은 크리스천만 키워 주시는 거 아닌가?', '안 믿으면서 어떻게 저렇게 성공할 수 있지?', '신앙생활 다 의미 없네?' 이렇게 신앙생활을 하지 않는 사람들이 어떤 노력을 했는지 알려고 하지도 않은 채, 자신의 이기적인 기준에서만 속단하는 것은 편견이고 왜곡된 고집이에요.

방탄소년단의 성공 이면에는 '나'를 갈아서 '방탄'을 만들었다고 할 만큼의 처절한 노력이 있었어요. 방송 "유퀴즈"의 인터뷰 내용만 봐도 그들이 얼마나 우직하고 꿋꿋하게 '정도'를 걸어왔는지 알 수 있어요. 하루에 열 시간이 넘는 춤 연습과 보컬 연습, 당장 아무것도 보장된 게 없음에도 불구하고 서로를 의지하며 열정으로 버텨 냈던 힘든 시간… '나라면 아무리 좋아하는 것이라고 할지라도 저렇게까지 열정과 노력을 쏟아부을 수가 있었을까?' 하는 생각이 저절로 들 만큼 정말 열심히 노력했음을 볼 수 있어요.

"게으른 자여 개미에게 가서 그가 하는 것을 보고 지혜를 얻으라" 잠언 5장 6절 말씀이에요. 여러분 주변에 믿지 않는 사람임에도 불구하고 동경할 만한 성공을 이룬 사람이 있나요? 그렇다면 볼멘 감정으로 그들의 성공을 애써 깎아내리려고만 하지 말고, 성공 이면의 과정을 유심히 살펴보길 바랍니다. 정도를 걸으며 온전히 자신의 땀과 노력으로 일군 성공이라면, 진심 어린 찬사와 박수와 격려를 보내 주세요. 그리고 그 사람의 장점을 배우세요. 그런 삶의 자세가 성공하는 크리스천임을 명심하세요.

친구가 질투 날 때 이렇게 하세요

"경호 씨, 저희 날씨가 너무 좋아서 카페 갈 건데, 같이 가실래요?" 당시 34살의 신학생이었던 저는 이 말에 아무런 대답도 할 수가 없었어요. 그때 당시의 저는 새벽 1시까지 장사를 하고, 낮에는 공부와 육아를 하느라 커피 한 잔의 여유조차 사치인 삶을 살고 있었거든요. 30대, 저마다의 자리를 잡아 가는 나이였지만 그때의 저는 늦은 나이에 신학교에 입학해서 여전히 교육전도사라는 딱지를 면하지 못하고 있던 때였어요. '내일, 해가 뜨지 않았으면 좋겠다'라고 생각할 정도로 미래가 불안하고 막막했죠. 끝이 보이지 않는 암흑과 같은 터널 안에 있는 심정이었어요. 하지만 저를 가장 힘들게 했던 것은 시기와 질투였어요. 가게 구석에서 웅크려 공부하고 있을 때 저보다 어린 사람들 가운데는 이미 목사 안수를 받고 전임 사역을 하는 이들도 많았거든요. 늦게 시작했기에 너무도 당연한 결과였지만, 때로는 부러운 마음이 과해지기도 했죠.

아무 소리도 들리지 않는 새벽 1시. 지친 몸을 이끌고 집으로 돌아와 잠언을 읽으면서 시기와 질투를 삶의 원동력으로 바꿨어요. 이런 생각을 하면서 말이죠. '지금의 경험이 나에게 꼭 필요한 경험일 거야. 시기와 질투는 나에게 하나도 도움이 되지 않아. 시기가 나고 질투가 나는 만큼 내가 더 노력해 보자!' 그리고 목사가 된 지금, 저는 그때의 경험 덕분에 성경 한 구절의 의미를 깊이 들여다볼 수 있는 눈을 갖게 되었고, 지금 청년들의 막막함을 들어줄 수 있는 귀를 가지게 되었어요. 최근 들어 제가 질투하던 동기들이 저에게 "청년들에게 어떻게 공감을 해야 친근하게 다가갈 수 있는 거야?"라고 하면서 청년들과 공감하는 법을 물어볼 때면, 이제는 오히려 지난날의 고단한 삶이 감사하게 느껴져요.

"평온한 마음은 육신의 생명이나 시기는 뼈를 썩게 하느니라"라는 잠언 14장 30절 말씀과 "노하기를 더디 하는 자는 용사보다 낫고 자기 마음을 다스리는 자는 성을 빼앗은 자보다 나으니라"라는 잠언 16장 32절 말씀을 현재 시기와 질투로 어찌할 바를 모르는 여러분에게 해독약으로 권해 드리고 싶어요. 나만 돌아가는 것 같아서 불안하고, 앞서 나가는 친구가 부러우신가요? 단 한 번의 굴곡도 없는 삶, 단 한 번의 넘어짐과 어지러짐도 없는 사람을 동경하지 마세요. 시기와 질투를 원동력으로 삼아서 앞으로 나아가세요. 시기와 질투가 긍정적으로 승화되는 순간, 여러분의 곡선은 직선보다 더 많은 것을 담을 수 있어요.

나에게 도움이 되는 사람을
내 곁에 모으는 방법

어떻게 해야 나에게 도움이 되는 사람들을 곁에 두고서 살아갈 수가 있을까요? 가장 확실한 비결은 바로 '조언과 비판을 잘 듣는 것'이에요. 잘 듣는다는 것은 조언과 비판이 날카롭게 내 마음을 찌른다고 할지라도, 그 말이 진실이라고 한다면 기꺼이 잘못을 인정할 줄 아는 거예요. 그래야만 상대방도 계속해서 도움이 될 만한 말을 해 주고 싶은 마음이 생길 테니까요.

한 나라의 최고 통치권을 가지고 있는 왕이 자신의 치부를 드러내는 사건을 마주하게 될 때, 솔직하게 반성한다는 게 가능한 일일까요? 자기 말이 곧 법이고, 자신의 손짓 한 번에 사람들의 생사가 결정되는 힘을 가지고 있는 존재인데 말이죠. 그런데 이 불가능에 가까운 행동을 한 사람이 성경에 있어요. 바로, 우리가 너무도 잘 알고 있는 '다윗'이에요. 사무엘하 12장에 의하면, 부하 장수인 '우리아'의 아내 '밧세바'를 빼앗는 악행을 저지른 다윗에게 하나님은 '나단'이라는 선지자를 보내셔서 책망하세요. 사무엘하 12장 13절에 의하면, 나단 선지자의 책망에 다윗은 이렇게 말했어요. "내가 여호와께 죄를 범하였노라."

아무리 선지자라고 해도 그는 자신의 신하에 불과한데, 왕인 자신의 치부를 드러내며 질책하는 사람에게 정직하게 인정한다는 것, 너무나 어려운 일이 아니었을까요? 그런데 다윗은 그 어려운 일을 해낸 거예요. 다윗은 조언해 주는 사람들을 '비판자'가 아닌 조력자로 보았어요. 더 나아가 선지자와 주변 신하들이 하는 충언을 하나님의 말씀으로 여기며 겸허하게 듣고 자신의 잘못을 인정하는 겸손한 태도를 취했죠. 다윗의 이러한 자세 덕분에 주변에는 바른길로 이끌어 줄 수 있는 사람들이 남아 있을 수 있었고, 그 덕분에 궁극적으로 하나님께 크게 쓰임받을 수 있었던 거예요.

"이르시되 진실로 너희에게 이르노니 너희가 돌이켜 어린아이들과 같이 되지 아니하면 결단코 천국에 들어가지 못하리라. 그러므로 누구든지 어린아이와 같이 자기를 낮추는 삶이 천국에서 큰 자니라." 마태복음 18장 3~4절 말씀이에요. 어린아이와 같은 사람이 천국에서 큰 자인 것처럼, 자신을 낮추는 사람이 결국에는 큰 자인 법이에요. 어리석은 사람은 조언을 통해 비난을 듣지만, 현명한 사람은 조언을 통해 지혜를 들어요. 여러분도 다른 이의 진심 어린 조언에서 지혜를 들을 수 있는 사람이 되길 바라요. 그로 인해 여러분의 주위에 올바른 조언을 해 줄 수 있는 사람들이 가득 차게 되길 진심으로 바랍니다.

나랑 맞지 않는 사람을 대처하는 최고의 방법

나와 다르다는 이유만으로, 나와는 맞지 않는다는 이유만으로 상대방을 틀림으로 간주하는 것이 얼마나 어리석은 일인지를 우리는 가룟 유다를 보면서 배울 수가 있어요. "내가 너희를 사람을 낚는 어부가 되게 하리라"라는 예수님의 손 내미심에 열두 명의 제자들은 기꺼이 응했고, 모두 아는 것처럼 가룟 유다도 그들 중의 한 사람이었죠. 가룟 유다 하면 가장 먼저 떠오르는 단어가 있죠? 바로, '배반의 아이콘'이라는 단어예요. 자신의 스승인 예수님을 은 삼십에 팔아넘겼기 때문이에요.

요한복음 12장 6절은 그 이유에 대해서 이렇게 말씀하고 있어요. "그는 도둑이라 돈 궤를 맡고 거기 넣는 것을 훔쳐 감이라." 돈에 눈이 어두워져서 그랬다는 거예요. 하지만 저는 가룟 유다가 예수님을 배반한 이유를 다른 시각으로 봐요. 예수님께서 공생애 시절 보여 주셨던 그리스도의 모습과 자기가 기대한 화려한 그리스도의 모습이 너무도 달랐기에 예수님께 실망했다는 시각이죠. 쉽게 말해, 능력을 과시하며 섬김을 받는 존재가 아니라, 도리어 가난한 자들을 섬기고 담는 것보다 나눠 주는 게 많은 그리스도의 모습에 실망한 거예요. 결과적으로 가룟 유다는 자신의 잘못된 선택으로 말미암아 자신 또한 돌이킬 수 없는 결과의 피해자가 되고 말았어요.

여러분은 가룟 유다가 저지른 가장 치명적인 실수가 뭐라고 생각하나요? 자신이 기대했던 예수님의 모습과 예수님의 실제 모습이 다를 수도 있다는 것을 전혀 인정하지 않았다는 것이 아닐까요? 가룟 유다는 자신과 예수님과의 다름이 갈등의 불씨가 아니라 자신을 부흥시키는 성장의 불씨임을 깨달았어야 했는데 그걸 놓쳤어요. 자신의 작은 그릇에 예수님이라는 큰 바다를 담으려 억지 무리수를 두었던 거죠. 거듭난다는 것은 옛 자아가 무너짐을 흔쾌히 받아들이는 거예요. 가룟 유다는 죄인과 세리처럼 소외된 자들을 마음에 담는 예수를 통해 과거의 미성숙한 자아를 무너트려야 했어요. 하지만 치명적인 오판으로 그렇게 하지 못했던 거죠.

여러분, 세상을 살아가다 보면 이런저런 사람들을 많이 만나게 될 거예요. 때로는 나와 전혀 맞지 않는 사람을 만날 때도 있어요. 하지만 그럴 때마다 나와 다르다는 이유만으로 섣부른 선택과 결정을 하게 되면 나도 모르는 사이에 가룟 유다처럼 악수를 두게 될지도 몰라요. 대부분 N극과 S극처럼 나와 반대편에 있는 사람과의 만남은 나를 성숙하게 만드는 만남인 경우가 많거든요. 다르더라도, 아니 심지어 틀린 것 같더라도 상대방의 가치관이 나를 성장시켜 주기에 바르고 충분하다면, 상대방의 낯섦은 갈등의 불씨가 아니라 나를 한 단계 성장시켜 주는 초석임을 받아들일 줄 아는 청년들이 되길 바랍니다.

087

친구의 잘못을 정죄하지 않고 지혜롭게 말하는 법

요나서 3장 10절에 의하면, 하나님은 니느웨 성 사람들이 악한 길에서 돌이키는 결단을 하자 심판의 손길을 거두셨어요. 그러자 이를 본 요나는 자신을 물고기 배 속에 삼 일 밤낮을 가두시면서까지 굽히지 않으셨던 하나님의 뜻이 너무도 쉽게 돌아서는 것에 대해서 정면으로 반박하며 극에 달하는 분노를 쏟아냈어요. 너무 분한 나머지 한 생명이 천하보다도 귀하다는 것도 잊은 채 그 천하보다도 귀한 십사만 명의 생명을 왜 죽이지 않느냐고 따져 묻는 막무가내 행동을 보이기까지 했죠. 제가 만약 하나님이었다고 한다면, 그 자리에서 요나를 곧바로 눈물이 찔끔 날 정도로 호되게 다그쳤을 거예요. 철딱서니가 없어도 이렇게까지 없을 수가 있을까? 한마디로 말해서 미성숙한 '어른이' 그 자체였던 거죠.

하지만 하나님은 요나를 혼내거나 정죄하는 대신 박넝쿨과 벌레, 그리고 뜨거운 해와 동풍을 동원하여 요나가 스스로 깨달을 수 있도록 기회를 주고자 하셨어요. "네가 수고도 아니하였고, 재배도 하지 않았고 하룻밤에 났다가 하룻밤에 말라 버린 이 박넝쿨을 아끼는데, 천하보다 귀한 생명을 내가 아끼는 것은 지극히 당연한 것이 아니냐"라는 인격적 설명을 첨부하면서 말이죠(욘 4:10-11). 그 후 요나가 하나님의 깊은 뜻을 깨달았는지에 대한 여부는 언급하지 않은 채, 요나서는 마무리돼요. 하지만 요나라는 인물이 성경의 한 페이지를 장식하고 있다는 것은 적어도 그가 들을 귀는 가지고 있었다고 하는 방증이겠죠. '싸움닭' 같은 기세로 불순종했던 요나를 하나님이 포기하지 않으셨던 한 가닥 가능성의 끈이라고도 할 수 있고요.

혹 여러분이 아끼는 친구 가운데에도 요나와 같은 사람이 있나요? 그리고 그 친구가 제법 따끔한 권면을 들어야 할 만큼 아슬아슬한 길을 걷는 것을 고집하고 있나요? 그렇다면, 먼저 그 친구에게 요나와 같은 한 가닥 가능성의 끈이 있는지를 먼저 세밀하게 관찰해 보세요. 들을 귀가 없는 이에게 하는 권면은 시끄럽거나 귀찮은 소음에 불과하기 때문이에요. 그러나 천만다행으로 가능성이 보인다고 한다면, "눈가림만 하여 사람을 기쁘게 하는 자처럼 하지 말고 그리스도의 종들처럼 마음으로 하나님의 뜻을 행하고 기쁜 마음으로 섬기기를 주께 하듯 하고 사람들에게 하듯 하지 말라"라는 에베소서 6장 6-7절 말씀을 기준 삼아 공의롭게, 정의롭게, 정직하게 행할 일에 대해서 진심을 담아 인격적인 어투로 조언해 보세요. 그리고 그 후 결과에 대해서는 너무 연연하지 마세요. 여러분의 역할은 진심이 담긴 따스한 조언까지니까요. 하나님께서 요나에게 그러했듯이 말이죠.

인간관계 때문에 어긋난
삶의 궤도를 회복하는 방법

여러 사람이 함께 살아가는 현대를 살아가면서 자신만을 생각하는 외길 인생을 고집하는 것은 그다지 좋아 보이지는 않는 듯해요. 성숙한 공동체 의식을 가진 사람이라면 관계라는 울타리 안에서 서로의 연결고리를 끈끈하게 하고자 노력하는 것은 어쩌면 수준 높은 처세술이라고 해도 무방하기 때문이에요. 하지만 관계에 너무 연연하다 보면 내 선택에 다른 사람의 영향력이 심해질 위험이 있어요. 내가 원해서가 아니라 다른 이가 원하는 결정을 하게 된다는 거죠. 반대로 다른 사람은 신경도 쓰지 않겠다며 무조건 반대되는 선택을 하는 것 또한 나다운 선택은 아니에요. 이런 삶의 방식에 익숙해지면, 자칫 스스로 자체 발광하는 것에 자신감을 잃어버리고, 결국 자체 발광하는 법을 상실하게 되는 지경까지 이르게 되죠.

자체 발광은 말 그대로 홀로 타오름을 견딜 수 있어야 가능해요. 그러나 관계에 지나치게 연연하는 사람은 자체 발광을 위한 일시적 거리두기조차도 단절과 고립으로 느끼곤 하죠. 잠시라도 자신의 삶에 타인의 관심과 인정과 같은 외부 동력이 없으면 즉시로 빛과 열을 상실해 버리고 마는 거예요. 그러나 내가 스스로를 밝힐 수 없으면 주변도 밝힐 수가 없어요. 주변 사람들에게 긍정적인 영향력을 끼치기 위해서는 내가 홀로 빛날 수 있어야 해요. 그러기 위해서는 고독의 시간이 꼭 필요하고요. 아마 예수님도 이와 비슷한 생각을 하셨던 것 같아요.

누가복음 5장 15-16절에 의하면 예수님은 수많은 무리가 운집하여 자신을 추앙하자, 상황에 영향을 받거나 이끌리지 않으시기 위해 도리어 한적한 곳으로 물러가사 기도하시는 '고독'을 감행하셨어요. 세상에서 관계라는 울타리에 종속되지 않고 그 안에서 중심이 될 수 있는 유일한 힘의 원천은 '아버지 앞에 습관적으로 나아가 머무는 삶', 즉 고독 가운데 강한 내면의 힘을 키우는 것임을 알고 계셨던 거죠. 여러 사람 속에 오래 있으면 나보다 타인에게 초점을 맞추게 되고, 나답지 않은 선택을 반복하게 되며, 나만의 삶의 궤도에서 벗어나게 돼요. 삶의 궤도를 회복하기 위해서는 가장 나다울 수 있는 곳으로 나아가야 해요. 크리스천인 우리에게는 그곳이 하나님 앞이라는 것이죠.

모세가 출애굽이라는 하나님의 거대한 계획을 감당할 수 있었던 근본적인 힘은 궁궐에서 왕자로 화려하게 살며 여러 사람에게 둘러싸여 있었던 경험에서 나오지 않았어요. 척박한 광야에서 홀로 40년이라는 긴 시간을 보내며 하나님 앞에 습관적으로 나아갔던 고독한 삶에서 나온 것임을 꼭 마음에 담아 주시기를 바라요.

여유가 없어 나만 챙기는 내 모습에
죄책감이 들 때

여러분 인생에는 소중한 사람이 몇 명이나 있나요? 삶에 소중한 인연이 함께하는 것은 크나큰 행운이에요. 여러분은 당연히 그들과의 관계를 잘 유지하고 싶어 하겠죠? 하나님의 자녀답게 하나님이 제시해 주시는 방법 대로 사랑하는 이를 대하고픈 마음 또한 가득할 거고요. 그래서 늘 생각만 큼은 "네 이웃을 네 몸과 같이 사랑하라"라는 마태복음 22장 39절 말씀을 소중한 이들을 대하는 기준으로 삼고자 할 거예요. 생일도 크게 챙겨 주고 싶고, 슬픈 일이 있으면 위로도 해 주고 싶고, 좋은 곳에서 함께 시간도 보내 주고 싶을 거고요. 하지만 생각만큼 상황이 따라 주지 않는 것이 문제일 거예요. 취준, 시험, 사회 초년생으로서 직장 생활 적응 등등, 항상 해야만 하는 것들만 해내기에도 버거운 삶이기 때문이에요.

물론 턱없이 부족한 삶의 여유라 할지라도 쪼개고 쪼개서 사랑하는 이들에게 쓰려고 무진장 애를 쓰기도 할 거예요. 하지만 상대방을 챙길수록 정작 내가 해야 할 일을 못 하게 되고, 그렇다고 나만 챙기다 보면 상대에게 소홀해지는 딜레마에 힘들 때가 많을 거예요. 하나님의 사람답지 못하다는 자책까지 들게 할 만큼 말이에요. 그런데 여러분 '여유가 없더라도 상대를 먼저 챙겨야지'라는 이타적인 마음은 착한 마음이고, '그래도 내가 먼저지'라는 이기적인 마음은 나쁜 마음일까요? 과한 것은 자칫 부족한 것만 못할 때가 있다는 말이 있어요. 아무리 타인을 생각하는 이타적인 마음도 과하면 독이 될 때가 있다는 거죠. 가끔은 모두를 위해 나에게 집중하는 시간도 필요할 때가 있어요. 마태복음 16장 26절에서는 이렇게 말씀하고 있어요. "사람이 만일 온 천하를 얻고도 제 목숨을 잃으면 무엇이 유익하겠느냐." 천하를 얻는 것으로도 감히 견줄 수 없는 것이 내 존재 가치이기에, 적어도 자기 자신을 지켜 내기 위함이라면 최소한의 이기적인 마음은 필수이고, 모두를 위한 이기적인 마음은 궁극적으로 선한 마음일 수도 있다는 해석을 가능케 해요.

만약 지금 여러분이 행하고 있는 이타적인 마음의 범위가 내 앞가림을 하지 못할 만큼 과하다면, 그것은 선한 마음이라고 할 수 없어요. 반면 이기적인 마음이 궁극적으로 나와 사랑하는 이들을 위해서 나의 기반을 다지고자 하는 것이라면, 오히려 그것은 선한 마음이라고 할 수 있어요. 우선은 내 것이 있어야 상대에게 줄 것도 생기거든요. 여러분이 스스로에게 집중하는 시간, 해야 할 일을 하는 시간은 소중한 이들을 외면하는 시간이 아닌, 그들에게 줄 것들을 그릇에 채워 넣는 시간이에요. 물론 이 시간이 길어지면 주변 사람들을 챙길 수 없어서 괴롭고 죄책감이 생길 때도 있을 거예요. 하지만 그럴 때마다 '나는 상대에게 왜 이렇게 차가울 수밖에 없을까?'라는 생각으로 죄책감(자괴감)을 가지기보다는, 어떻게 하면 더 빨리, 더 오래, 더 많이 사람들에게 따뜻할 수 있을까를 고민하시길 바라요.

팔자가 꼬였을 때 푸는 방법

아무리 노력해도 인생이 너무 안 풀리는 것 같다고 생각하는 청년들이 분명 있을 거예요. 성경에도 팔자가 제대로 꼬인 인물이 한 명 등장해요. 바로 욥이에요. 욥기 2장 3절에 의하면, 욥은 하나님께서 사탄에게까지 자랑하실 만큼 의인 중의 의인이었어요. 그런데도 한순간에 모든 재산과 자녀들을 잃었고, 심지어 자신의 몸에 병까지 얻게 되었죠. 솔직히 재산과 자녀를 모두 잃고 몸에 병까지 얻는다는 게 보통 수준의 팔자 꼬임은 아니잖아요. 징계를 받지 않으면 사생자요 친아들이 아니라는 히브리서 12장 8절 말씀처럼 아무리 징계(인생의 시련)가 하나님 자녀라면 마땅히 받아야 하는 거룩한 흔적이라고 말씀하고 있을지라도 말이에요.

그래서 어쩌면 욥 또한 자신의 팔자 꼬임이 무작정 하나님의 거룩한 흔적으로만 느껴지지는 않았을 거예요. 그런데도 불평을 하기는커녕 오히려 욥기 2장 10절 말씀과 같은 고백을 했어요. "우리가 하나님께 복을 받았으니 화도 받지 아니하겠느냐." 어떻게 이런 담담한 고백이 가능한 것인지 그저 신기하고 놀라울 따름이에요. 야고보서 3장 7-8절에 의하면, 사람의 혀는 결코 길들여질 수 없는 것이라고까지 말하고 있음에도 불구하고 욥은 자신의 혀를 함부로 내두르지 않았어요. 대신 하나님께서 주신 복이 지나갔던 것처럼, 하나님께서 주신 화 또한 지나가리라고 담담하게 반응할 뿐이었죠. 같은 상황을 다르게 말하는 게 무슨 차이가 있을까 싶죠?

　여러분, 깜깜한 어둠 속에서 "어두워서 안 보이네"라고 말하는 사람과 "어두워서 별이 더 잘 보이네"라고 말하는 사람은 같은 어둠 속에서도 전혀 다른 인생을 사는 법이에요. 전혀 다른 생각은 전혀 다른 말을 결정하고, 전혀 다른 말은 결국 전혀 다른 인생을 만들어요. 욥의 아내는 욥의 상황을 보며 '이렇게 꼬인 팔자는 절대 풀 수 없어'라고 생각했을 거예요. 그런 생각 때문에 하나님을 욕하고 죽으라는 극단적인 말을 했고, 결국 남편을 배반하는 돌이킬 수 없는 행동을 했어요. 반면 욥의 생각은 달랐어요. '이 시련은 단단한 매듭이 되기 위한 과정이야'라는 생각으로 입술로 범죄 하지 않으려고 말을 절제했어요. 그 말의 절제는 결국 42장 12절 말씀대로 욥의 삶을 '말년에 처음보다 더 많은 복을 받는 삶'으로 바꾸었죠.

　현재 여러분의 삶의 매듭은 얼마나 꼬여 있나요? 그런 여러분에게 하나님은 시편 91편 7절 말씀을 통해 이렇게 약속해 주셨어요. "천 명이 네 왼쪽에서, 만 명이 네 오른쪽에서 엎드러지나 이 재앙이 네게 가까이하지 못하리로다." 하지만 명심하세요. 이 약속의 주인공이 되고 싶으시다면, 내 삶이 지금 당장은 천 명 중의 한 명, 혹은 만 명 중의 한 명인 것처럼 느껴질지라도 '내 팔자 제대로 꼬였네'라는 섣부른 생각과 말이 아니라 '내 삶이 단단한 매듭이 되어 가고 있네'라는 신중한 생각과 말로 하나님의 인도하심을 구해야 한다는 것을요.

후회되는 선택을 슬기롭게 수습하는 방법

나폴레옹은 "현재 내가 당하고 있는 어려움은 과거 내 잘못된 선택과 행동의 결과물이다"라고 말했어요. 여러분도 과거의 선택으로 인해 후회하는 부분이 분명 있을 거예요. 그 선택은 '전공, 학교, 회사'일 수도 있고, '사람'이나 '사랑'과 관련한 선택일 수도 있겠죠. 이번 글에서는 야곱의 모습을 통해 이러한 후회스러운 선택을 슬기롭게 수습하는 방법을 얘기해 보려고 해요. 야곱은 팥죽 한 그릇으로 형 에서의 장자권을 빼앗았어요. 이에 배신감을 느낀 에서는 20년이라는 긴 세월이 흐른 후에 사백 명이나 되는 장정을 거느리고 동생을 만나러 가는데요. 만약 자신의 선택이 이토록 엄청난 후폭풍을 몰고 올 것이라는 사실을 알았더라면, 야곱은 절대로 그런 선택을 하지 않았을 거예요. 하지만 이미 쏟아진 물은 다시 담을 수가 없듯, 일어난 일은 되돌릴 수가 없어요. 다만 그 결과를 슬기롭게 극복하는 것이 유일한 해결책이죠. 야곱 또한 그러했어요.

창세기 32장 13-15절에 의하면, 야곱은 최고의 예의와 마음을 담아 엄청난 수의 짐승을 화해의 선물로 준비했어요. 과거 팥죽 한 그릇으로 기만 했던 형의 마음을 돌리기 위해서는 당연한 대가라고 생각을 했던 거예요. 또한 24-32절에 의하면, 야곱은 문제 해결을 위해 허벅지 관절이 어긋나는 치명적인 부상을 감수하면서까지 하나님께 매달렸어요. 그 모습이 얼마나 처절하고 치열했던지 하나님은 뺄셈 인생이었던 '야곱'이라는 이름을 '이스라엘'이라는 덧셈 인생 이름으로 바꿔 주시기까지 하셨죠.

야곱은 현재 자신이 할 수 있는 모든 노력을 총동원하여 자신의 선택을 수습하고자 최선을 다해 노력했어요. 이러한 노력 덕분에, 에서는 야곱을 용서했고 야곱은 과거의 선택을 지혜롭게 수습할 수 있었죠. 우리는 이러한 야곱의 모습을 통해서 아주 중요한 교훈 한 가지를 발견할 수가 있어요. 과거의 잘못된 판단과 선택에 이자가 붙어 눈덩이처럼 커져 버리더라도 현재의 결과에 대해서 절대로 부당하다고 생각하지 않아야 한다는 거죠. 이런 상황에서 하나님의 도움이 절실하다면 "이 모든 것을 잘 피할 수 있도록 도와주세요"가 아니라 "이 모든 것을 제가 잘 감당할 수 있도록 도와주세요"라고 성숙하게 하나님의 도움을 간구해야 해요.

우리도 야곱처럼 한 치 앞도 내다보지 못하며 살아가는 존재예요. 그래서 종종 잘못된 선택 앞에서 후회할 때가 있어요. 그러나 과거의 실수와 현재의 후회를 미래의 기회로 삼고자 한다면, 꼭 야곱을 닮아 가시라고 말씀드리고 싶어요. 더디 가고 힘은 들겠지만, 그 방법만이 해피 엔딩으로 가는 바른길이자 지름길이에요. 후회를 슬기롭게 수습하기 위해 노력하며 하나님께 간구하는 크리스천 청년들이 되기를 바랍니다.

인생의 롤러코스터를 잘 타는 법

50대 중반 중년의 지금, 저의 청년의 때를 떠올려 보아도, 여러분이 현재 저마다의 롤러코스터에서 살아남기 위해 고군분투하고 있는 것과 마찬가지로 저 또한 그 위에서 버티려고 부단히도 애를 썼던 것 같아요. 하지만 마음먹은 대로만 흘러가지 않는 것이 인생이죠. 어제는 가장 높은 곳에 있었다가도 오늘은 갑자기 가장 낮은 곳으로 떨어지는 상황이 반복되는 게 인생인 것 같아요. 저를 낮은 곳으로 밀어낸 건 '고난'이었어요. 매번 다른 얼굴로 찾아왔지만, 언제나 똑같이 저를 괴롭혔죠. '이 불청객이 내 삶에는 몇 번이나 끼어들어 훼방꾼 노릇을 했을까?'라는 생각에 열 손가락을 펴 봤어요. 하지만 열 손가락이 부족하더라고요. 50대인 지금도 여전히 내 인생에서 녀석은 두려운 존재이니까요. '내 인생, 여기서 더 가파른 급하강을 하는 걸까?' 싶어 공포와 불안감에 머리가 쭈뼛쭈뼛 서고, 온몸에 닭살이 돋을 정도죠.

하지만 그렇다고 해서 녀석의 횡포에 쫄지만은 않았어요. 환경은 지배당했을지언정 의지만큼은 꺾이지 않으려고 최선을 다해 녀석의 훼방질에 맞섰죠. 그럴 때마다 뒤에서 밀어 주고 앞에서 끌어 주며 용기를 북돋아 주던 말씀이 있었어요. "믿음으로 노아는 아직 보이지 않는 일에 경고하심을 받아 경외함으로 방주를 준비하여 그 집을 구원하였으니"라는 히브리서 11장 7절 말씀이에요. 미래가 확실하게 보이지 않아도 묵묵하게 방주를 지었던 노아처럼, '나도 이미 목표에 도달한 것처럼 꿋꿋하게 현존해야겠다'라는 깨달음과 큰 울림을 주었거든요. 이 말씀은 불안정한 신학생 시절 때뿐만 아니라 10년 동안 준비한 청년 문화 사역과는 전혀 상관없는 농촌 시골 교회로 가야만 했을 때조차 롤러코스터의 하강을 버티게 하는 소중한 불씨가 되어 주었어요. 저는 미래에 '전 세계의 청년들에게 하나님 말씀을 전하는 베스트셀러 작가'가 되는 게 목표예요. 그래서 현재 '영감톡'이라는 인스타그램 채널을 운영하고 있고, 여러 나라의 청년들과 소통하기 위해 하루에 3시간씩 영어 공부를 하고 있어요. 또한 이 책을 집필하며 다른 작가들의 글과 생각에도 관심을 많이 기울이고 있고요.

여러분, 인생의 롤러코스터를 잘 타는 법은 바로 '바라는 미래가 이미 이루어졌다고 생각하며 현존하기'예요. 롤러코스터가 하강하는 순간에 불안해하고 힘들어하기만 하면 상승하는 지점까지 버티기가 힘들어요. 대개 정상은 찰나이고, 하강하는 순간이 대부분이기 때문이죠. '목표를 이룬 미래의 나는 어떻게 살아가고 있을까?'를 생각하면서 그 모습대로 현재를 살아가 보세요. 미래의 내가 할 법한 생각과 행동을 하다 보면 결국에는 롤러코스터의 하강은 끝나고 어느덧 원하는 모습에 가까워져 있을 거예요. 당당한 여러분의 미래는 지금 여러분의 삶에 달려 있음을 꼭 명심하세요.

093

Taker인가, Giver인가?

요즘에는 흔히 받기만 하는 사람을 'Taker', 주는 걸 즐겨하는 사람을 'Giver'라고 해요. "Taker의 삶과 Giver의 삶 중 어느 쪽이 더 행복한 삶인가요?"라는 질문에 예수님은 사도행전 20장 35절에서 이렇게 말씀하셨어요. "주는 것이 받는 것보다 복이 있다." 그래서 많은 이들이 'Giver'로서의 삶을 동경하고 있는 것 같아요. 하지만 솔직히, 받을 때 기쁨이 더 크기에 대개 'Taker'로서의 삶에 더 많은 매력을 느끼며 살아가고 있어요. 그런데 성경에는 지나치게 Taker로서의 삶을 살다가 불행을 자초한 인물이 있어요. 바로 롯의 아내예요. 소돔 땅을 떠날 때 절대로 뒤를 돌아보지 말라는 천사의 신신당부는 목숨과 직결되는 것이었어요. 세상천지에 자기 생명과 맞바꿀 수 있는 것은 없지요. 그래서 롯과 그의 딸들은 하나님 대변인의 경고를 깊이 새겨들었어요.

하지만 롯의 아내는 뒤를 돌아보고 말았어요. 그리고 벌을 받아서 소금 기둥이 되었다는 게 지금까지 우리가 알고 있었던 정설이에요. 그런데 정말 돌아보았다는 이유만으로 소금 기둥이 되었을까요? 아니요. 롯의 아내가 소금 기둥이 된 것은 단순히 뒤를 돌아본 것 때문이 아니었어요. 소돔 땅에 두고 온 것들에 대한 욕심과 집착 때문이었어요. 하나님은 사람들의 삶을 단면이 아닌 입체적으로 보시고 판단하시는 분이세요. 소돔과 고모라에 파멸의 그림자가 드리우기 전부터 'Taker'로서의 그녀의 삶은 이미 위험 수위를 넘어서고 있었고, 하나님은 그때부터 그 모습을 쭉 지켜보고 계셨던 거예요. 그리고 생사의 갈림길에서조차 경고를 무시하는 모습을 보며 '회복 불능' 진단을 내리셨고, 그녀의 삶에 아무런 제재를 하지 않는다면 십중팔구 다른 가족들도 치명적인 위험에 빠뜨릴 수 있음을 직감하셨던 거예요. 그래서 하나님은 롯의 아내가 뒤를 돌아보는 순간 눈물을 머금고 회초리를 드실 수밖에 없었어요. 만약 하나님의 개입이 없었다면 'Taker'로서만 살아왔던 그녀는 자신이 쌓아 온 것들을 포기하지 못해 다시 내려갔을 것이고 가족들은 그것을 말리려 따라 들어갔을 거예요. 그랬다면 결국 가족 모두가 죽음이라는 비참한 최후를 맞이했을지도 모르죠.

때때로 내 삶의 방식은 나뿐만이 아니라 내 주변의 모든 이들에게 영향을 끼쳐요. 심지어는 사랑하는 가족에게까지도 그렇죠. 평온할 때뿐만이 아니라 복잡한 갈림길에서 나와 사랑하는 모두를 위해 선한 영향력을 끼치기 위해서는 지혜로운 결정을 할 수 있어야 해요. 그 힘의 근원이 바로 'Giver'의 삶이라는 거예요. 그래서 예수님은 'Taker'로서의 기쁨보다는 'Giver'로서의 삶에서 더 많은 의미와 보람을 느끼며 살아가라고 당부하신 거예요. 뭔가를 더 가지고 싶을 때마다 이 말씀을 꼭 기억하고, 과도한 욕심과 집착은 현명한 선택을 방해한다는 사실을 잊지 않길 바라요.

더 버티면 일어나는 일

누가복음 18장 1-8절은 하나님도 두려워하지 않고 사람도 무시하는 한 재판장과 힘없는 과부의 법정 싸움에 관한 이야기를 담고 있어요. 지금도 그렇겠지만 당시에 과부가 재판장과 힘겨루기를 한다는 것은 달걀로 바위를 치는 것과 같은 것이었죠. 3-4절에서 재판장은 과부의 끊임없는 청원에도 불구하고 그녀의 목소리를 전혀 듣지 않았는데요. 그러다가 결국에는 들어줄 수밖에 없겠다고 생각을 바꾸는데, 그 이유를 5절은 이렇게 밝히고 있어요. "이 과부가 나를 번거롭게 하니 내가 그 원한을 풀어 주리라. 그렇지 않으면 늘 와서 나를 괴롭게 하리라." 세상에나! 과부의 원한을 풀어주겠다는 이유가 고작 '귀차니즘' 때문이라니, 너무도 어이가 없네요. 하나님도 두려워하지 않고 사람도 무시하는 무개념의 끝판왕답게 사고의 깊이가 단세포적이고 유아적이라는 생각까지도 들어요.

그런데 그러면서 드는 또 하나의 생각은 '비상식적이고 터무니없는 이유를 명분으로 삼는 자의 마음을 돌려놓기까지 여인은 몇 번이나 절규에 가까운 청원을 했을까?'라는 거예요. 모르긴 몰라도 문턱이 닳을 만큼 셀

수도 없이 찾아갔을 거예요. 그러나 그때마다 돌아오는 건 갖은 수모와 투명 인간 취급으로 인한 모멸감이었겠죠. 그런데도 결국은 최후의 승리자가 되었어요. 저는 불가능을 가능으로 만든 과부의 모습을 보며 이 말이 가장 먼저 떠올랐어요. "믿는다고 말하기는 쉽다. 그러나 믿는 대로 행동하는 것은 어렵다."

시편 68편 5절에서는 하나님을 이렇게 묘사하고 있어요. "그의 거룩한 처소에 계신 하나님은 고아의 아버지시며 과부의 재판장이시니라." 그러나 과부처럼 하나님의 말씀이라는 이유만으로 철석같이 믿고, 자신의 믿음대로 행동할 수 있는 사람이 몇 명이나 될까요? 아마 거의 없을 거예요. 하지만 그녀는 아무것도 없는 과부의 신분으로 재판장에게 사정하는 것 말고는 방법이 없는 암담한 상황에서조차 포기하지 않았어요. '오늘은 가지 말까?', '어차피 안 될 텐데 포기할까?', '오늘 간다고 뭐가 달라질까?'에서 끝내지 않은 자세. 어제 실패했어도 오늘 다시 도전하는 자세. 이 모습이 바로 하나님이 과부의 손을 들어주시게 된 결정적인 모습이에요.

여러분들도 인생에서, 사회생활에서, 혹은 대인관계에서, 과부처럼 암담한 상황을 경험할 수도 있어요. 그렇다면 "범사에 기한이 있고 천하만사가 다 때가 있다"라는 전도서 3장 1절 말씀을 믿는다고 고백하고, 고백한 대로 행동하고자 애써 보세요. 말씀을 믿고, 이 믿음을 행동으로 옮긴 과부처럼요. 포기하고 싶을 때 조금만 더 인내하자고 다짐했던 여러분의 애씀이 '때가 차매' 아름답게 결실을 맺을 거예요.

감독 되시는 그분의 손에서 어떻게 사용되어질지를 꿈꾸면서
결말을 향해 나아가 봅시다.

이 영화의 주인공은 여러분 단 한 명이라는 사실을
잊지 않길 바라요.

095

우리는 모두
각자의 인생이라는 영화의 주연이다

어느 더운 여름날, 한 청년과 신사가 테이크아웃 가게에 들렀어요. 청년은 직접 햄버거를 사서 야외 벤치에 앉아 땀을 식히며 먹었고, 신사는 비서가 사 온 햄버거를 고급 자동차 안에서 먹었죠. 둘은 서로를 보며 이런 생각을 했어요. '아, 나도 누가 사다 주는 햄버거를 저런 멋진 차 안에서 편히 앉아 먹으면 얼마나 좋을까?' '나도 저 청년처럼 다리가 건강해서 햄버거를 사 먹으며 여기저기 돌아다닐 수 있으면 얼마나 좋을까?' 사람들은 99가지를, 아니 999가지를 가지고 있으면서도 당장 나에게 없는 단 하나, 내가 갖고 있지 못한 유일한 하나가 상대방에게 있을 때 스스로가 불행한 삶을 살고 있다고 생각해요. 이러한 비교 의식은 스스로를 자기 인생의 주연이 아닌 조연으로 만들죠. 어쩌면 청년과 신사가 서로를 향해 가지고 있었던 생각은 이런 비교 의식에서 비롯된 게 아닐까 싶어요.

사실 청년과 신사의 삶 모두 꽤 괜찮은 삶이에요. 청년은 건강하게 일상을 누릴 수 있는 젊음이 있고, 신사는 몸은 불편할지 몰라도 풍족하게 살

수 있는 여유가 있으니까요. 저마다의 인생에서 빛나는 주연으로 살아가는 최고의 방법이 무엇이냐는 질문에 디모데후서 2장 20-21절은 이렇게 방향 제시를 하고 있어요. "큰 집에는 금 그릇과 은그릇뿐 아니라 나무 그릇과 질그릇도 있어 귀하게 쓰는 것도 있고 천하게 쓰는 것도 있나니 그러므로 누구든지 이런 것에서 자기를 깨끗하게 하면 귀히 쓰는 그릇이 되어 거룩하고 주인의 쓰심에 합당하며 모든 선한 일에 준비함이 되리라." 그러나 이 삶은 청년과 신사처럼 살아가는 방식만으로는 불가능하다고 봐요. 오로지 금 그릇이 되는 것만이 인생의 주연으로 살아가는 유일한 방법이라고 생각하기 때문이며, 설령 금 그릇이 되었다고 할지라도 결핍에만 빼앗긴 마음으로는 풍족함 가운데서도 결국 초라함만을 느끼며 살아갈 수밖에 없기 때문이죠.

세상에서 주연으로 살아가고 싶다면, 다른 이가 가진 것에 휘둘리지 말고 나에게 주어진 것에 감사해야 해요. 다른 이의 삶을 동경하기보다는 내 삶을 들여다보고 가꿀 줄 알아야 해요. 세상에서 약한 것들을 택하사 강한 것들을 부끄럽게 하시는 하나님께서 은그릇인 나를, 질그릇인 내 삶을, 나무 그릇밖에 되지 않는 내 형편을 주인의 쓰심에 어떻게 합당하게 사용하실지를 기대하며 당당하게 살아가는 거죠. 가끔은 스스로가 잠깐 출현하는 카메오 같다고 느껴질지라도, 우리 '인생'이라는 영화에서는 우리가 주인공이에요. 감독 되시는 그분의 손에서 어떻게 사용되어질지를 꿈꾸면서 결말을 향해 나아가 봅시다. 이 영화의 주인공은 여러분 단 한 명이라는 사실을 잊지 않길 바라요.

새로운 길을 가는 당신을 위하여

우리가 가지고 있는 하나님에 대한 이해는 매우 제한적이에요. 그래서 일반적으로 두 길 중에 한 길이 하나님의 뜻이라고 한다면, 다른 한 길은 하나님의 뜻에서 어긋난 길이라고 생각할 때가 많아요. 방향이 완전히 달라서 두 길 모두 하나님의 뜻이 될 수 없다고 생각하기 때문이에요. 문제는 이런 관점이 청년들의 삶을 더욱 힘들게 하고 당혹스럽게 한다는 거예요. 하나님이 열어 주신 길이라 믿고 전력으로 걸어왔던 오른쪽 길을 포기하고 전혀 다른 방향의 왼쪽 길로 가야만 할 때, 청년들은 대혼란에 빠질 수밖에 없어요. "오른쪽이 아니었다면 왼쪽은 확실할까?"라는 극도의 불안감 때문이겠죠.

하지만 사도행전 15장 39-41절과 디모데후서 4장 10-11절 말씀은 우리의 제한적인 생각에 확장 공사를 하라고 말씀하고 있어요. 사도행전을 보면, 바울과 바나바는 마가 문제로 의견 충돌이 있었고 끝내 갈라서게 됐어요. 그런데 사도행전 15장 41절에 의하면, 바울의 사역은 대성공을 거둬요. 대성공은 곧 하나님의 뜻이라는 도식이 성립되죠. 두 길 모두 하나님의 뜻이 될 수 없다는 우리의 관점대로라고 한다면 바나바는 실패해야 맞겠죠. 바울과 반대되는 선택을 했으니까요.

그러나 성경 어디에서도 바나바의 사역이 실패했다는 기록을 찾을 수가 없어요. 더욱 중요한 것은 디모데후서에서 바울이 갈등의 중심에 있었던 마가를 이렇게 평했다는 거예요. "네가 올 때 마가를 데리고 오라 그가 나의 일에 유익하니라." 마가에 대한 바울의 인정은 곧 바나바의 사역 또한 하나님의 뜻에 부합했음을 간접적으로 보여 주고 있어요. 바나바와 함께 했던 마가의 변화된 모습이 그 증거라 할 수 있겠죠. 하나님의 뜻은 오로지 한 길이라는 우리의 생각을 한방에 무너뜨리고 있죠.

크리스천 청년 여러분, 하나님께서 열어 놓으신 길은 하나가 아니에요. 살아가다 보면 하고 싶은 일을 하다가 해야만 하는 일로, 의도치 않게 중요한 일로, 그러다가 급한 일로, 어느 때는 평범한 일상에 머무는 삶으로 옮겨 가야 할 때가 있을 거예요. 하지만 그럴 때마다 섣부른 판단은 금물이에요. 반드시 가야만 하는 한 가지 길을 여러분이 정해 두지 마세요. 때에 따라, 상황과 형편에 따라 여러분의 삶의 선택에 변화가 온다고 할지라도, 심지어 그 모양새가 전혀 다르다고 할지라도 여러분을 향한 하나님의 뜻은 여전히 똑같다는 것을 잊지 마세요. 그러니 여러분이 만나게 되는 모든 상황에 하나님의 뜻이 들어 있다는 것을 믿고 그것을 경험 삼아 멋진 삶을 살아가는 발판으로 삼길 바라요.

결핍을 채우지 못해도 괜찮다

　창세기 37장 3절에 의하면, 야곱은 노년에 얻은 요셉을 다른 아들들보다 더 사랑했어요. 그래서 다른 아들들은 아버지의 사랑에 항상 결핍을 느끼곤 했죠. 그들은 끝내 자신들의 결핍을 분출했고, 그로 인해서 요셉은 13년이라는 긴 세월을 자신의 의지와는 전혀 무관한 삶을 살아야만 했어요. 하지만 요셉은 자신의 형제들과 달랐어요. '애굽'이라는 대국의 총리가 된 상황에서 형제들의 목숨줄을 쥐락펴락할 수 있을 만큼의 권력을 가지고 있었음에도 불구하고 그들을 이해했어요.　창세기 50장 19-20절은 요셉의 말을 이렇게 기록하고 있어요. "두려워하지 마소서 내가 하나님을 대신하리이까? 당신들은 나를 해하려 하였으나 하나님은 그것을 선으로 바꾸사 오늘과 같이 많은 백성의 생명을 구원하게 하셨나니…" 요셉은 13년 동안 쌓인 상처와 결핍을 형들을 향한 '분노'가 아닌 형들을 이해하는 '공감'으로 승화시켰던 거예요. '내가 아버지의 사랑을 독차지했을 때 형들이 받았을 상처와 결핍이 얼마나 컸을까?' 요셉은 형들에게 사랑받지 못하고 버려졌다는 결핍이 있었지만, 그 경험을 통해 아버지의 사랑을 받지 못해 상처받은 형들을 이해할 수 있었어요. 아픔을 가져 본 사람만이 아픈 사람을 이해하고 위로할 수 있는 법이거든요.

목사로 섬기다 보면 가끔 병문안을 갈 때가 있어요. 아프신 분께 "너무 힘드시죠? 곧 괜찮아지실 겁니다. 힘내세요"라고 하면서 기도를 해 드리면, 보통은 "목사님이 그걸 어떻게 알아요?"라고 하세요. 그러면 제가 다리의 흉터를 보여 드리면서 어렸을 때 골수염으로 수술을 여섯 번 했던 이야기, 복도에서 카트 끄는 소리만 들려도 경련을 일으켰던 이야기를 해 드리죠. 그럼 언제 그랬냐는 듯이 눈빛이 바뀌면서 제 이야기를 경청해 주시고 위로를 받았다고 고마워하시더라고요. 제가 그분들을 위로할 수 있었던 건 제 말솜씨가 대단해서가 아니라, 저 또한 같은 아픔을 가져 봤기 때문이죠.

누구에게나 당장이라도 눈물이 왈칵 쏟아질 만큼 결핍된 부분들이 하나쯤은 있을 거예요. 우리도 저마다의 어둠을 지고 살아가죠. 다 괜찮아질 거라는 무조건적이고 일방적인 위로는 하고 싶지 않아요. 저도 힘들 때 그런 말을 들으면 꼭 괜찮아져야만 할 것만 같아서 더 힘들었거든요. 하지만 살아 보니 결핍을 채우지 못해도 괜찮을 때가 있더라고요. 여러분, 결핍된 부분이 텅 비어 있는 것 같아서 채워야 할 것 같다는 생각이 드나요? 사실 비어 있는 만큼 다른 사람을 들일 수도 있는 게 결핍이에요. 경험한 만큼 이해할 수 있고, 아파 본 만큼 위로해 줄 수도 있는 거죠. 세상에는 상처받았다는 이유를 핑계 삼고, 채우지 못한 결핍을 면죄부 삼아 요셉의 형들처럼 살아가려고 하는 사람들이 많아요. 하지만 여러분의 삶과 마음만큼은 요셉을 닮기를 기도합니다.

크리스천도 돈을 좋아할 수 있다

"돈을 사랑함이 일만 악의 뿌리가 되나니." 디모데전서 6장 10절은 돈에 대해서 이렇게 정의하고 있어요. 그리고 마태복음 6장 24절에서는 이렇게도 말씀하고 있네요. "너희가 하나님과 재물을 겸하여 섬기지 못하느니라." 두 말씀의 문자적 의미로만 본다면, 크리스천은 절대로 돈과 친해져서는 안 될 것 같다는 생각이 '팍' 하고 들지 않나요? 그래서 크리스천 청년들이 돈을 필요로 하면서도 돈을 좇는 것을 불편해하는 것 같아요. 하나님 말씀은 돈 옆에 얼씬도 하지 말라고 하는데, 나는 세상에서 살아가야만 하고, 돈은 세상에서 그 매력을 진하게 풍기고 있으니 말이죠. 물론 귀도 닫고 눈도 감은 채 살아가는 방법이 있기는 해요. 하지만 그 방법만이 최선인 걸까요? 정말 크리스천은 돈과 친하게 지내면 안 되는 것일까요?

저는 그렇지 않다는 쪽에 한 표를 던지겠어요. '다른 사람도 아니고 목사가 돈을 좋아해도 된다는 쪽에 표를 던진다고?'라고 생각하는 사람이 있기도 할 만큼 다소 위험한 선택일 수 있겠지만 제 소신은 확고해요. 솔로몬과 관련하여 열왕기상 3장 13절은 이렇게 말씀하고 있어요. "내가 또 네가 구하지 아니한 부귀와 영광도 네게 주노니 네 평생에 왕들 가운데 너와 같은 자가 없을 것이라.'' 한눈에 보더라도 엄청난 재물의 복을 주셨다는 것을 알 수 있죠. 그런데 앞선 11절에서는 하나님께서 솔로몬에게 이토록 엄청난 재물과 영광을 주신 이유에 대해서 말씀하고 있어요. 자신을 위하여 장수를 구하지도 않고, 부도 구하지도 않고, 자기 원수의 생명을 멸하기도 구하지 않고, 오직 올바른 송사를 위해 지혜만을 구했다는 것이 그 이유였어요. 재물을 구하지 않았기에 재물을 주셨다는 거예요.

잠언 3장 16절에서는 하나님은 오른손에는 장수를 쥐고 있고, 왼쪽 손에는 부귀를 쥐고 있다고 말씀하고 있어요. 그런데 세상에는, 아니 크리스천 중에서도 하나님 왼손에 있는 부귀를 탐하는 자들이 있어요. 심지어 쥐고 있는 손을 억지로 펴게 해서라도 가져가려고 하는 자들이 부지기수죠. 이런 사람들에게 돈이 악의 뿌리가 되는 것이고, 돈을 하나님보다 더 주인으로 섬기게 되는 거예요. 그러나 솔로몬은 달랐어요.

하나님이 쥐고 있던 손을 펴서 직접 주신 거예요. 하나님께서 허락하셨기에 돈이 먼저 솔로몬에게 다가간 것이죠. 솔로몬이 돈을 좋아한 것이 아니라 돈이 먼저 솔로몬에게 찾아온 거예요. 제가 목사이면서도 크리스천으로서 돈을 얼마든지 좋아해도 무관하다고 주장하는 이유, 바로 하나님의 허락하심이 보장된 물질적 삶이 있기 때문이에요. 그래서 예수님도 마태복음 6장 33절을 통해 "먼저 그의 나라와 그의 의를 구하면 이 모든 것을 너희에게 더하시리라"라고 말씀하시면서 한 표를 던져 주고 계신다고 생각해요. 돈과 '베프'가 되고 싶으신가요? 그렇다면 하나님의 손이 펴지게 할 수 있는 합당한 이유를 갖는 사람이 되세요. 솔로몬처럼 말이죠.

편견 없는 시각을 가지고 살아야 하는 이유

"인간에게 100% 선입견 없는 시각과 편견 없는 완벽한 사고라는 것이 가능할까?" 이런 질문을 받는다면, 여러분은 뭐라고 답을 하실 건가요? "AI가 아닌 이상 어떻게 인간이 선입견과 편견 없이 바라보고 사고할 수 있을까? 불가능하다고 생각해." 이런 견해가 지배적이지 않을까 추측해 봅니다. 아, 말을 하고 보니 어쩌면 이런 시각조차도 선입견이고 편견에 잠식당한 추측일지 모르겠다는 생각이 들기도 하네요. 이 세상은 떡잎부터 남다른 것, 다시 말해서 시작부터, 겉모습부터 확실하게 가치를 드러내는 것들만을 인정해요. 그런 사람만을 높이 평가하죠. 반면, 한쪽 팔이 없는 레고와 허리에 보조 기구를 착용한 바비 인형과 같은 상황에 처한 사람들에게는 차갑기 그지없는 냉소적인 시선만을 보내요. 이유는 딱 하나에요. 선입견과 편견을 가지고서 표면적 모습만으로 판단하기 때문이에요.

그렇다면 하나님의 방식은 어떨까요? 사무엘상 16장 7절에 의하면, 하나님은 사람과는 달리 외모를 보지 않으시고 중심을 보신다고 말씀하시면서 다윗을 이스라엘의 2대 왕으로 선택하셨어요. 예수님은요? 마가복음 4장 30-32절에서 겨자씨 비유를 통해 천국에 대해서 이렇게 말씀하셨어요. "겨자씨 한 알과 같으니 땅에 심길 때에는 땅 위의 모든 씨보다 작은 것이로되 심긴 후에는 자라서 모든 풀보다 커지며 큰 가지를 내나니 공중의 새들이 그 그늘에 깃들일 만큼 되느니라." 모든 형제에 비해 뒤떨어지는 다윗과 모든 씨보다 작은 겨자씨. 편견과 선입견이라는 이물질에 가려진 세상의 시각으로 이들 속에 꽁꽁 숨겨진 무궁무진한 능력과 가능성을 발견한다는 것이 가능했을까요?

크리스천인 우리가 하나님과 예수님의 눈썰미를 닮아 가며 세상을 살아가야 하는 이유가 뭐냐고요? 처음 저와 여러분은 다윗과 같이 볼품없었고, 겨자씨와 같이 하찮은 씨앗이었음에도 불구하고 하나님의 사랑을 받아본 자들이니까요. "사람은 하나님의 형상대로 창조된 존재"라는 창세기 1장 27절 말씀처럼, 하나님은 겉으로 드러난 가치가 아닌 우리 속에 숨겨져 있는 가치를 인정해 주시면서 자녀 삼아 주셨던 거죠. '오직 은혜로'라는 말에는 이런 비밀이 담겨 있어요. 그런 우리가 어찌 크리스천으로서 편견과 선입견 없는 시각을 가지고 살아가는 일에 소홀할 수가 있겠어요. 내가, 우리가 직접적인 수혜자들인데 말이에요. 우리 중심을 귀히 볼 수 있는 가치관으로 이 세상을 밝게 비치는 크리스천이 됩시다. 있는 그대로, 우리의 존재 자체만으로 인정받았던 하나님의 사랑을 다른 이들에게 돌려 주는 크리스천이 됩시다. "사람은 외모를 보거니와 나 여호와는 중심을 보느니라"(삼상 16:7). 하나님의 이 말씀이 세상을 바라보는 여러분의 가장 든든한 푯대가 되기를 기도합니다.

회사 생활이 어려워요

이익을 우선으로 하는 기업(회사)에서 일하는 게 쉬운 일만은 아닐 거예요. 모든 순간이 기쁘고 긍정적일 수만은 없죠. 목사인 저도 마찬가지예요. 사명을 가지고 하는 일이지만 언제나 즐겁고 의미 있고 은혜롭지만은 않아요. 짜증도 나고 딜레마에 빠질 때도 있어요. 그럴 때는 이 글귀를 곱씹어 보곤 해요. "내가 당연하다고 생각하며 누리는 것을 누군가는 평생의 소원으로 바라며 살아가고 있다."

"대한민국의 청년들은 착취당하는 고통과 착취당하고픈 열망 사이에서 힘들어하고 있다." 유시민 작가의 《국가란 무엇인가》라는 책에서 읽었던 내용이에요. 물론 두 상황 모두 힘들어요. 하지만 적어도 바라던 회사에 들어갔다면 착취당하는 고통이 후자보다는 그래도 조금은 낫지 않을까요? 바라고 원하던 회사에 들어가서 업무에 시달리며 하는 불평이 도서관 구석에서 여러분이 다니는 회사를 꿈꾸며 공부하는 취업 준비생보다는 낫지 않겠느냐는 말이에요. 물론 정도가 지나친 고통까지 무조건 참으라는 말은 아니에요. '내가 목표했던 곳에 취직만 할 수 있다면 정말로 열심히 최선을 다해서 일하겠어. 아무리 어렵고 힘들어도 감사하게 생각할 거야'라고 생각했던 첫 열정을 회복하자는 뜻이에요.

애굽의 핍박에서 해방만 되면 어떤 어려움도 감사함으로 이겨 내겠다고 다짐했던 이스라엘 백성들은 자신들의 처음 다짐이 무색하게, 때에 따라 이끌어 주시고 인도해 주시는 하나님을 향해 끊임없이 불평불만을 토로했어요. 그들은 어떻게 되었나요? 결국 그 불평불만으로 인해서 가나안 땅에 들어가지를 못했어요. 이렇게 불평과 불만은 항상 우리를 나쁜 쪽으로 이끌어요. 또한 요한계시록 2장 3절에서도 일곱 교회에 대한 칭찬과 책망에 대해서 기록하며 에베소 교회를 향해 처음 행위를 가지라고, 다시 말해서 첫사랑을 회복하라고 책망하고 있어요. 여러분도 현재 다니는 회사에 열정을 다짐했던 시절이 분명 있을 거예요. 나에게 당연한 지금의 삶을 누군가는 평생의 소원으로 바라며 살아가고 있다는 것을 기억하며 첫 열정을 회복하세요.

그것이 회사라는 이익 공동체에서 불평과 불만에 직면해 있는 여러분이 현명하게 대처할 수 있는 방법이라고 생각해요. 그런데도 내 삶을 피폐하게 하고 불행이라는 딱지가 좀처럼 떨어지지 않는다는 판단이 선다면, 과감하게 그 자리를 포기해야겠죠. 하지만 그런 결정을 실행으로 옮기기까지는 곱씹고 또 곱씹는 신중함이 먼저예요. 무엇보다 중요한 사실은 인생 여정에서 거저 얻어지는 것은 하나도 없다는 거예요. 마음을 다잡고 다시 도전해 보세요. 불평과 불만은 그 후에 해도 늦지 않거든요.

에필로그

글을 완성하고 건넬 때마다 헤밍웨이는 언제나 이런 말을 했다고 한다. "내게 조금만 더 시간이 있었으면 더 함축한 글에 더 많은 의미를 담았을 텐데…" 실제로 헤밍웨이가 한 말인지 아닌지 확인할 길은 없으나, 적어도 이 말에 담긴 의미가 무슨 뜻인지 이번에 글을 쓰며 찐하게 체험할 수는 있었던 것 같다. 나는 목사다. 목사는 글 쓰는 작업과는 떼려야 뗄 수 없는 관계이다. 훌륭한 목사님들은 원고가 없어도 즉석에서 즉흥적으로 훌륭한 명설교를 하실 수 있을지 모르지만, 나는 그런 능력치의 뒤꿈치에도 도달하지 못하는 목사이기에 매번 설교문을 작성한다. 그리고 애석하게도 "서당 개 삼 년이면 풍월을 읊는다"라는 우리나라 속담도 있듯이, 목사로서 어느덧 10년을 훌쩍 넘겼으면 설교 정도는 누에고치 실 뽑듯이 술술 써 내려가야 하건만, 나는 어찌 된 영문인지 매번 그 자리인 것 같아 심히 답답하기도 하다.

그런데 그런 내가 청년들에 대한 사랑과 열정 하나만을 믿고 그 어려운 글을 쓰겠다고 덤벼들었다. 물론 무모한 모험에 겁 없이 뛰어든 데는 그만한 이유가 있기는 했다. 믿을 만한 구석이라고 해야 더 옳을 듯싶다. 현재 MZ 세대인 장성한 두 딸의 전폭적인 인정과 도움이 있었기 때문이다. 하지만 현실은 만만치가 않았다. 설교문을 쓸 때와는 전혀 달랐기에 당황스러웠고, 요즘 청년들이 공감하는 표현을 찾아야 했기에 너무 힘이 들었다. 매번 글을 써서 두 딸에게 의견을 물을 때마다 위기였고 갈등의 연속이었다. "아빠 이런 표현은 젊은 사람들에게 그다지 공감되지 않아"라는 두 딸의 창과 "아니, 이 정도는 이해할 수 있는 것 아냐?"라는 나의 방패가 끊임없이 맞부닥쳐 불꽃을 튀기었기 때문이었다. 중도 포기 문턱에 몇 번을 왔다 갔다 했는지 모를 정도로, 거리가 좁혀지지 않을 때가 빈번했다.

그러다 깨닫게 되었다. 이 글쓰기는 청년들에게 도움을 주기에 앞서 목사인 나를 먼저 성숙하게 만드는 과정임을 말이다. 지금까지 나의 삶과 신앙은 세대 갈등, 꼰대, 이런 단어들과는 전혀 무관하다고 자신만만해하며 살아왔다. 장성한 두 딸과 함께 소통이라는 두 글자를 자유자재로 넘나들며 살아왔다는 자부심이 큰 경쟁력이었기 때문이었다. 하지만 그것은 나만의 착각이고 교만이고 오만이었다. 청년 문화 사역을 천직으로 삼고자 하는 목사라고 하기에는 여전히 생각이 일방적이고, 편협하고, 고인 물처럼 고정관념에서 벗어나지 못하고 있음을 발견하게 되었다. 글을 하나하나 완성해 가면서 직면하게 되는 나의 한계를 인정하는 것이 즐겁지만은 않았다.

하지만 '이런 기회가 내게 없었더라면?', 이 질문 앞에서 너무 의미 있고

뜻깊은 시간의 작업이어서 행복했다. "내가 내 몸을 쳐 복종하게 함은 내가 남에게 전파한 후에 자신이 도리어 버림을 당할까 두려워함이로다." 고린도전서 9장 27절을 통해 고백한 바울 사도처럼, 청년 문화 사역을 꿈꾸며 천직으로 삼고자 하는 나의 사고와 가치관이 계속해서 흐르는 물이 되어야 하는 이유와 필요성에 대해 일깨워 주는 귀한 시간이었기 때문이다. 은혜를 끼치러 왔다가 도리어 은혜를 받고 간다는 어떤 이의 아름다운 고백처럼, 청년에게 조금이나마 도움을 주고자 뛰어들었던 글쓰기 작업이 실상은 나에게 더 풍성하고 풍부한 깨달음과 교훈을 주었으니 어찌 나도 이 고백을 하지 않을 수 있겠는가? 그저 하나님께 모든 영광을 돌리고 싶다.